I0759108

Oltre la Moda: La Via per Diventare Personal Shopper e Consulente d'Immagine

GIANNI VALENTE

GIANNI VALENTE

DEDICA

A tutti coloro che vedono il mondo non solo per come appare, ma per come potrebbe essere.

A voi, che trovate bellezza e possibilità in ogni piega di tessuto e in ogni sfumatura di colore.

A chi osa sognare in grande, inseguendo con passione la propria visione di eleganza e stile.

Questo libro è dedicato a voi: artisti dell'immagine, scultori del possibile, architetti del personale e del meraviglioso.

Che ogni pagina vi ispiri a creare, a esplorare, e a trasformare il mondo, un abito alla volta.

CONTENUTI

INTRODUZIONE

Cari lettori,

Vi do il benvenuto in un viaggio esplorativo nel mondo affascinante del personal shopping e della consulenza d'immagine, dove l'eleganza incontra la psicologia, e l'arte si fonde con la comunicazione. In queste pagine, si svelerà un universo dove ogni scelta di stile racconta una storia, ogni abito è una tela, e ogni accessorio un pennello che traccia i contorni di un'identità unica e irripetibile.

Questo libro è nato dalla mia passione per la moda e dalla mia esperienza pluriennale come consulente d'immagine. È scritto per te, che sei affascinato dal potere trasformativo dello stile, e desideri scoprire come la moda può essere uno strumento di espressione personale e professionale. È per chiunque voglia trasformare la passione per la moda in una carriera gratificante, e per chi cerca di approfondire la propria comprensione dell'immagine personale.

La moda è un linguaggio universale, una forma d'arte che ci permette di esprimere chi siamo senza bisogno di parole. Come consulente d'immagine e personal shopper, ho imparato che l'abbigliamento non è solo una questione di tendenze o di marchi; è un dialogo continuo con noi stessi e con il mondo che ci circonda. In questo libro, condividerò con voi le mie conoscenze, esperienze e intuizioni per guidarvi nel mondo dinamico e creativo del personal shopping e della consulenza d'immagine.

Inizieremo esplorando l'importanza dell'immagine personale nella società contemporanea, e come questa possa influenzare non solo la percezione altrui, ma anche la nostra autostima e il nostro successo personale e professionale. Vi mostrerò come un'immagine accuratamente curata possa aprire porte e creare opportunità, e come, al contrario, un'immagine trascurata possa chiuderle.

Dopo aver stabilito le basi, ci addentreremo nel cuore della professione del personal shopper e del consulente d'immagine. Scoprirete come valutare le esigenze e i desideri dei clienti, come creare abbinamenti che esprimano la loro personalità unica, e come utilizzare l'abbigliamento per comunicare efficacemente senza parole. Vi porterò dietro le quinte del mondo della moda, mostrandovi come anticipare e interpretare le tendenze, come selezionare i capi giusti per ogni cliente, e come costruire un guardaroba che sia allo stesso tempo funzionale e rappresentativo.

Questo libro è anche un viaggio nell'arte della comunicazione e della psicologia della moda. Vi insegnerò a comprendere il linguaggio silenzioso dei colori e dei tessuti, e come questi possano essere utilizzati per valorizzare ogni tipo di figura e personalità. Esploreremo insieme come l'abbigliamento e gli accessori possano essere utilizzati per trasmettere messaggi specifici, e come un'immagine ben curata possa influenzare positivamente la vita di una persona.

Nei capitoli successivi, approfondiremo le tecniche pratiche della professione. Vi guiderò attraverso il processo di analisi del guardaroba, mostrandovi come identificare cosa tenere, cosa modificare e cosa aggiungere. Discuteremo delle sfide e delle soddisfazioni del lavorare con clienti di diversi background e esigenze, e vi fornirò strumenti e consigli per gestire efficacemente le relazioni con la clientela.

Infine, questo libro si concluderà con una panoramica su come creare e sviluppare una carriera di successo nel campo del personal shopping e della consulenza d'immagine. Condividerò con voi i miei consigli personali per costruire una reputazione solida, per reperire clienti, e per mantenere una crescita professionale costante in questo settore dinamico e in continua evoluzione.

Questo libro è il risultato di anni di esperienza, studio e osservazione. È scritto con l'obiettivo di ispirare, educare e guidare. Spero che vi offra non solo una comprensione più profonda del mondo del personal shopping e della consulenza d'immagine, ma anche gli strumenti per esprimere la vostra unica visione dello stile.

Con questo libro, vi invito a intraprendere un viaggio di scoperta e trasformazione, dove la moda diventa un mezzo per esplorare e celebrare la bellezza della diversità umana. Benvenuto in questo viaggio straordinario, dove ogni passo è un'opportunità per creare, innovare e brillare.

BREVE DESCRIZIONE DEL RUOLO DI PERSONAL SHOPPER E CONSULENTE D'IMMAGINE

Nel panorama contemporaneo dell'immagine e dello stile, il personal shopper e il consulente d'immagine emergono come figure professionali di fondamentale importanza, essendo artefici e custodi dell'espressione personale attraverso la moda. Questi ruoli, intrisi di creatività, empatia e competenza tecnica, giocano un ruolo cruciale nel modo in cui individui e professionisti si presentano al mondo.

Il Personal Shopper: Un personal shopper è molto più di un semplice assistente di shopping; è un vero e proprio navigatore nel mare della moda, un esperto che aiuta a districare le complesse reti delle tendenze, adattandole alle esigenze uniche di ogni cliente. Questa professione va ben oltre la semplice scelta di abbigliamento e accessori; si tratta di una profonda comprensione delle esigenze personali, professionali e sociali del cliente.

Il personal shopper deve avere una conoscenza enciclopedica della moda, un'intuizione acuta per i gusti e le preferenze del cliente, e una capacità di anticipare le esigenze ancora inespresse. Deve essere in grado di costruire un guardaroba che non solo rispecchi lo stile personale del cliente, ma che lo valorizzi in ogni occasione, da quelle quotidiane a eventi speciali. Questa figura professionale si occupa di creare un'esperienza di shopping su misura, spesso bilanciando budget, stile personale, e funzionalità, garantendo che ogni acquisto sia un investimento nel benessere e nell'immagine del cliente.

Il Consulente d'Immagine: Il consulente d'immagine si occupa della cura e dello sviluppo dell'immagine complessiva del cliente. Questo ruolo richiede un'ampia gamma di competenze che vanno dalla consulenza sull'abbigliamento alla gestione di aspetti come il grooming, il trucco e persino il linguaggio del corpo e l'etichetta. Lavorando a stretto contatto con i clienti, il consulente d'immagine deve saper ascoltare e interpretare i loro desideri e obiettivi, traducendoli in un'immagine coerente e affascinante.

Un consulente d'immagine è spesso chiamato a operare in momenti di transizione o di rinnovamento personale, come cambiamenti di carriera, eventi di vita significativi, o semplici desideri di rinnovamento. L'approccio richiede sensibilità, discrezione e un'attenta valutazione delle caratteristiche fisiche, del carattere e dello stile di vita del cliente. Il processo può includere un'analisi del colore per determinare le tonalità più lusinghiere, la valutazione della figura per selezionare i tagli e i modelli più adatti, e la costruzione di un guardaroba che elevi la fiducia e l'immagine del cliente.

In questo libro, ci addentreremo nel cuore di queste professioni, esplorando in dettaglio le competenze, le strategie e le sfide che personal shopper e consulenti d'immagine affrontano quotidianamente. Condividerò esperienze personali, consigli pratici e lezioni apprese nel corso degli anni, fornendo una visione completa e approfondita di cosa significa realmente lavorare nel campo dell'immagine e dello stile personale. Attraverso queste pagine, scoprirai come queste professioni possano non solo trasformare il guardaroba di una persona, ma anche influenzare positivamente la sua autostima, il suo successo professionale e la sua vita personale.

IMPORTANZA DI QUESTA PROFESSIONE NEL MONDO CONTEMPORANEO

In un'era caratterizzata da un flusso costante di informazioni e da un'attenzione crescente all'immagine personale, la professione di personal shopper e consulente d'immagine assume un ruolo sempre più rilevante nel tessuto sociale e professionale. Questi esperti di stile non sono semplici curatori di moda, ma interpreti essenziali di una società in rapida evoluzione, dove l'immagine personale può influenzare significativamente le opportunità di vita, le relazioni interpersonali e la percezione di sé.

Impatto Professionale e Sociale:

Viviamo in un'epoca in cui la prima impressione gioca un ruolo cruciale, spesso determinando il corso delle nostre interazioni professionali e sociali. In un mondo sempre più visuale e interconnesso, l'abbigliamento e l'immagine personale assumono un significato ancora più profondo, influenzando non solo come gli altri ci percepiscono, ma anche come noi percepiamo noi stessi. Questa dinamica è particolarmente evidente in ambito professionale, dove l'aspetto esteriore può avere un impatto diretto sulle opportunità di carriera, sulle relazioni lavorative e sull'efficacia comunicativa.

Nel Contesto Professionale: In un ambiente lavorativo, l'abbigliamento non è semplicemente un ornamento, ma un elemento chiave della comunicazione non verbale. Può trasmettere messaggi di competenza, affidabilità e professionalità, o al contrario, di trascuratezza o inadeguatezza. Le decisioni relative all'assunzione, alle promozioni e al networking possono essere influenzate, consciamente o inconsciamente, dall'immagine che proiettiamo. In questo contesto, il personal shopper e il consulente d'immagine diventano figure essenziali nell'aiutare i professionisti a curare un'immagine che sia all'altezza delle loro competenze e ambizioni. Un abbigliamento adeguato e uno stile personalizzato possono aprire porte nel mondo del lavoro, facilitando interazioni positive con colleghi, superiori e clienti. L'abbigliamento giusto può fungere da potente strumento di empowerment, conferendo al professionista una maggiore sicurezza in sé stesso, che a sua volta si traduce in una presenza più assertiva e influente.

Oltre l'Aspetto Estetico: Il ruolo del personal shopper e del consulente d'immagine va ben oltre la selezione di abiti alla moda. Questi professionisti lavorano per comprendere in profondità l'identità e gli obiettivi professionali dei loro clienti, creando un look che non solo rispecchia ma anche potenzia la loro immagine personale. Si tratta di una strategia accurata che tiene conto del settore lavorativo, della cultura aziendale, e delle aspirazioni individuali, mirando a costruire un'immagine coerente e autentica. Questo processo, tuttavia, non è solo una questione di estetica; riguarda anche l'autostima e la percezione di sé. Un'immagine curata e un guardaroba che riflette il vero sé possono notevolmente migliorare la fiducia in sé stessi. Quando una persona si sente a proprio agio e sicura nel proprio abbigliamento, questa sensazione si trasmette anche nel modo in cui si muove, parla e interagisce con gli altri.

Linguaggio dell'Immagine: In un mondo dove l'immagine è spesso un linguaggio più potente delle parole, il personal shopper e il consulente d'immagine equipaggiano i loro clienti con gli strumenti necessari per esprimersi con efficacia e autenticità. L'abilità di questi professionisti nel creare un'immagine personale che sia sincrona con l'identità e le aspirazioni del cliente è più che una mera consulenza di moda; è una forma di comunicazione strategica che può aprire nuove opportunità e migliorare la qualità delle relazioni professionali e sociali.

In sintesi, il ruolo di personal shopper e consulente d'immagine nel contesto contemporaneo è indispensabile per navigare con successo nel mondo professionale. Questi esperti non solo aiutano a costruire un'immagine esteriore accattivante, ma contribuiscono anche a forgiare una forte sensazione di identità e fiducia, elementi chiave per il successo in ogni aspetto della vita.

Evoluzione della Moda e Della Cultura del Consumo:

L'avvento dell'era digitale, con i suoi social media onnipresenti e piattaforme di e-commerce sempre a portata di mano, ha trasformato radicalmente il paesaggio della moda. Mai come oggi, le tendenze e i prodotti di moda sono così accessibili a un pubblico globale. Questa democratizzazione della moda ha portato indiscutibili benefici, rendendo lo stile e l'espressione personale più liberi e vari. Tuttavia, ha anche introdotto una complessità senza precedenti nel modo in cui i consumatori interagiscono con la moda. In un mondo dove ogni giorno vengono lanciate nuove collezioni, dove ogni influencer mostra l'ultimo "must-have" e dove le campagne pubblicitarie mirano a catturare la nostra attenzione 24 ore su 24, scegliere cosa indossare e cosa acquistare può diventare un'esperienza soverchiante. In questo contesto tumultuoso, il ruolo del personal shopper e del consulente d'immagine assume una nuova e cruciale importanza.

Navigare nella Sovrabbondanza di Opzioni: Il personal shopper e il consulente d'immagine si collocano come guide esperte in questo mare di possibilità, aiutando i clienti a navigare tra le innumerevoli opzioni. Non si tratta semplicemente di seguire ciecamente le ultime tendenze, ma di fare scelte ponderate che rispecchino l'unicità dello stile personale di ogni individuo. Questi professionisti hanno il compito di filtrare il rumore di fondo del mondo della moda, selezionando pezzi che non solo sono esteticamente piacevoli, ma che rispecchiano anche il carattere, i valori e il modo di vivere dei loro clienti.

Personalizzazione e Valori: In un'era caratterizzata da una crescente consapevolezza riguardo l'etica della moda, la sostenibilità e l'individualità, i consumatori cercano sempre più di allineare i loro acquisti con i loro valori personali. Il personal shopper e il consulente d'immagine diventano così partner essenziali nel processo di selezione, aiutando i clienti a scegliere brand e prodotti che non solo migliorano il loro aspetto esteriore, ma che rispecchiano anche il loro impegno per l'ambiente, la responsabilità sociale o la produzione etica.

Un Approccio Olistico alla Moda: Questi esperti offrono un approccio olistico all'abbigliamento e allo stile, considerando non solo la moda come un insieme di tendenze, ma come un aspetto integrato dello stile di vita del cliente. Questo include capire come i capi si inseriscono nella routine quotidiana, nel contesto lavorativo, nelle occasioni speciali, e nella visione complessiva che il cliente ha di sé. Il loro compito è di creare un guardaroba che sia non solo esteticamente coerente, ma anche funzionale e adattabile alle diverse esigenze della vita di un individuo.

Sostenibilità e Consapevolezza: Inoltre, il personal shopper e il consulente d'immagine giocano un ruolo fondamentale nell'educare i clienti sulla sostenibilità e sulla moda responsabile. Guidano i clienti verso scelte che non solo sono alla moda, ma che promuovono anche un consumo più consapevole e rispettoso dell'ambiente. Questo può includere la selezione di capi realizzati con materiali sostenibili, il supporto a piccoli designer che adottano pratiche etiche, o l'incoraggiamento verso l'acquisto di abbigliamento di seconda mano o vintage.

In conclusione, in un mondo dove la moda è onnipresente e in continua evoluzione, il personal shopper e il consulente d'immagine emergono come figure chiave, non solo nel guidare le scelte di stile, ma anche nel promuovere un approccio più riflessivo e sostenibile al consumo di moda. Loro aiutano i clienti a districarsi in un mondo sovraccarico di opzioni, trovando un equilibrio tra espressione personale, valori etici e praticità.

Benessere Psicologico e Immagine Personale

L'abbigliamento, spesso considerato semplicemente come un requisito sociale o un ornamento, ha in realtà un legame profondo e complesso con il nostro benessere psicologico e la nostra identità personale. Ogni scelta di stile è un riflesso della nostra personalità, dei nostri valori, delle nostre aspirazioni e, in alcuni casi, delle nostre insicurezze. In questo intricato intreccio tra estetica e psiche, il consulente d'immagine e il personal shopper emergono come figure chiave, capaci di comprendere e armonizzare l'immagine esteriore del cliente con la sua identità interna, promuovendo un senso di benessere e autenticità.

Oltre l'Estetica: Questi professionisti vanno ben oltre la semplice scelta di abiti che "stanno bene". Lavorano a stretto contatto con i clienti per scoprire e valorizzare la loro vera essenza attraverso l'abbigliamento. Si tratta di un processo delicato e riflessivo, in cui le preferenze personali, il tipo di corpo, il colore della pelle, la professione, e persino gli obiettivi di vita giocano un ruolo fondamentale. Un consulente d'immagine o un personal shopper sa che un cambio di guardaroba può essere trasformativo, non solo esteriormente, ma anche a livello di autostima e autoaccettazione.

Impatto sulla Salute Mentale: In un mondo dove l'immagine personale è spesso sotto i riflettori, la pressione di conformarsi a certi standard estetici può essere schiacciante. Questo può portare a problemi di autostima e di immagine corporea. Un consulente d'immagine o un personal shopper aiuta a contrastare questi problemi, facilitando una relazione più sana e positiva con il proprio corpo e con il modo di vestire. Insegnando ai clienti a vestire in modo che esalti i loro punti di forza e ad accettare con amore le parti di sé che potrebbero percepire come difetti, questi professionisti possono avere un impatto profondamente positivo sulla salute mentale dei loro clienti.

Costruire la Fiducia: Un aspetto chiave del loro lavoro è costruire e rafforzare la fiducia in se stessi dei clienti. Quando una persona indossa abiti che riflettono veramente chi è, si muove nel mondo con maggiore sicurezza e determinazione. Questo aspetto è particolarmente rilevante in contesti come colloqui di lavoro, appuntamenti importanti, o eventi sociali, dove un'immagine curata può aprire la porta a nuove opportunità e connessioni.

Personalizzazione e Empowerment: Il consulente d'immagine e il personal shopper agiscono da catalizzatori nel processo di empowerment personale. Aiutano i clienti a esprimere la loro individualità, incoraggiando scelte di stile che non seguono ciecamente le tendenze, ma che rispecchiano la loro personalità unica. Questo processo di personalizzazione dell'abbigliamento è un atto di autoespressione che può rafforzare l'identità personale e promuovere una maggiore consapevolezza di sé.

Riconnessione con il Sé: In ultima analisi, il lavoro di questi professionisti è una forma di riconnessione con il sé. Aiutano i clienti a riscoprire parti di se stessi che potrebbero essere state trascurate o soffocate da norme e aspettative esterne. Attraverso la loro guida, i clienti imparano a vedere l'abbigliamento non solo come una necessità o un dovere, ma come un mezzo per celebrare la propria individualità e per navigare nel mondo con una rinnovata sensazione di autenticità e fiducia. Il ruolo di un consulente d'immagine o di un personal shopper è, insomma, fondamentale nell'odierna società focalizzata sull'immagine. Essi non solo guidano le scelte di moda, ma aiutano i clienti a trovare un equilibrio tra estetica e benessere interiore, rivelandosi essenziali per la salute mentale e l'autostima in un mondo che valuta sempre più l'immagine personale.

Inclusività e Diversità

In un'epoca dove la diversità e l'inclusività stanno diventando sempre più parte integrante del nostro tessuto sociale, il ruolo del personal shopper e del consulente d'immagine acquisisce una dimensione ancor più profonda e significativa. Questi professionisti, interfacciandosi quotidianamente con una vasta gamma di clienti provenienti da diversi sfondi culturali, etnie, età, generi e forme del corpo, sono in prima linea nella promozione di un approccio alla moda che non solo rispetta, ma celebra attivamente la ricchezza della diversità umana.

Oltre le Barriere Tradizionali della Moda: Tradizionalmente, l'industria della moda è stata spesso criticata per la sua tendenza a promuovere un ideale di bellezza unico e poco rappresentativo. Oggi, personal shopper e consulenti d'immagine stanno sfidando attivamente questi stereotipi obsoleti, lavorando per creare uno spazio in cui ogni individuo possa sentirsi visto, ascoltato e valorizzato. Questo implica andare oltre i classici canoni di bellezza per abbracciare e esaltare la bellezza in tutte le sue forme e manifestazioni.

Personalizzazione e Accettazione: Questi professionisti adottano un approccio personalizzato che tiene conto delle esigenze specifiche di ogni cliente, assicurando che ognuno possa trovare un proprio stile che rifletta la sua identità unica. Questo processo di personalizzazione è fondamentale non solo per il comfort e la soddisfazione del cliente, ma anche per promuovere un messaggio più ampio di accettazione e inclusività. Aiutando i clienti a sentirsi a proprio agio e sicuri nel proprio stile, contribuiscono a costruire una società in cui la diversità è non solo accettata, ma celebrata.

Contributo alla Cultura della Moda: In questo contesto, il personal shopper e il consulente d'immagine assumono il ruolo di influenzatori culturali, contribuendo a plasmare una cultura della moda più inclusiva e variegata. La loro capacità di ascoltare e rispondere alle esigenze di un ampio spettro di clienti li rende attori chiave nel promuovere un cambiamento positivo nell'industria della moda. Essi fungono da ponte tra i consumatori e i creatori di moda, fornendo feedback che può guidare le future tendenze verso una maggiore inclusività.

Sfida agli Stereotipi: Lavorando con clienti di tutte le età, taglie, forme e sfondi culturali, questi esperti di stile aiutano a sfidare gli stereotipi prevalenti e a arricchire il discorso sulla moda e l'immagine personale. Essi dimostrano che lo stile e l'eleganza non hanno barriere e che la moda può essere uno strumento di espressione potente per tutti. Attraverso il loro lavoro, aiutano a diffondere un messaggio di tolleranza e apertura, mostrando che la bellezza e lo stile non conoscono confini.

Un Futuro più Inclusivo: In definitiva, il personal shopper e il consulente d'immagine stanno contribuendo attivamente a costruire un futuro della moda più inclusivo e rappresentativo. Il loro lavoro non si limita a guidare i clienti nelle loro scelte di stile, ma si estende all'incoraggiamento di una visione della moda che abbracci la diversità in tutte le sue forme. In questo modo, aiutano a forgiare un mondo in cui ogni persona può sentirsi valorizzata e rispettata, indipendentemente dalla sua forma, taglia o background.

Adattabilità e Innovazione: In un settore in continua evoluzione come quello della moda, personal shopper e consulenti d'immagine devono essere costantemente aggiornati e pronti ad adattarsi. Questa professione richiede non solo una profonda conoscenza delle tendenze attuali, ma anche la capacità di anticipare i cambiamenti del settore, adattandosi alle nuove tecnologie e alle mutevoli aspettative dei clienti.

In conclusione, in un'epoca dove l'immagine è diventata un linguaggio globale, il personal shopper e il consulente d'immagine assumono un ruolo di guida e di ispirazione, aiutando le persone a navigare il complesso mondo della moda con fiducia e consapevolezza. Il loro lavoro non è solo una questione di stile, ma un fondamentale atto di comunicazione e espressione personale, un elemento chiave per il successo e il benessere nell'era moderna.

L'IMPORTANZA DELL'IMMAGINE

In un'era dominata dall'immediatezza visiva e dalla comunicazione digitale, l'immagine personale assume un ruolo di primaria importanza nella società contemporanea. Questa non è semplicemente una questione di vanità o estetica superficiale; piuttosto, l'immagine è diventata un potente strumento di comunicazione, un linguaggio silenzioso che parla prima ancora che vengano pronunciate le parole.

Comunicazione Non Verbale

La comunicazione non verbale, una componente fondamentale del modo in cui interagiamo con il mondo, si estende ben oltre i gesti o le espressioni facciali; è intrinsecamente intrecciata con le scelte che facciamo ogni giorno riguardo il nostro aspetto. Gli abiti che scegliamo di indossare, il modo in cui curiamo il nostro aspetto, e anche la nostra postura e il linguaggio corporeo, sono tutti elementi che contribuiscono a costruire la nostra comunicazione non verbale, influenzando profondamente come gli altri ci percepiscono e, in ultima analisi, la qualità delle nostre interazioni sociali e professionali.

Segnali Silenziosi: Gli abiti che indossiamo funzionano come un codice silenzioso, trasmettendo messaggi agli altri sul nostro status sociale, la nostra personalità, i nostri valori, e persino il nostro stato d'animo e le nostre intenzioni. Questo linguaggio visivo va ben oltre la moda o le tendenze del momento; riflette la nostra identità e il nostro modo di relazionarci al mondo. In contesti professionali, un abbigliamento appropriato e curato può comunicare professionalità e affidabilità, mentre in contesti sociali, può esprimere apertura, creatività o altre caratteristiche della personalità.

Impatto sulle Interazioni e Opportunità: La comunicazione non verbale attraverso l'abbigliamento e l'immagine personale gioca un ruolo chiave nelle nostre interazioni quotidiane. Può influenzare la prima impressione che facciamo, la fiducia e il rispetto che guadagniamo dagli altri, e persino le opportunità che ci vengono offerte sia nella vita professionale che personale. Un'immagine ben curata può aprire porte e creare una connessione immediata, mentre un'immagine trascurata o in disaccordo con il contesto può portare a fraintendimenti o valutazioni negative.

Riflessione della Personalità e dello Stato d'Animo: Il nostro modo di vestire è spesso una riflessione esterna del nostro stato interno. Un abbigliamento che ci fa sentire a nostro agio e sicuri può migliorare notevolmente la nostra autostima e influenzare positivamente il nostro comportamento e il nostro linguaggio corporeo. Al contrario, abiti in cui ci sentiamo a disagio o fuori luogo possono avere l'effetto opposto, influenzando negativamente la nostra postura e la nostra sicurezza.

Cultura, Contesto e Percezione: La comunicazione non verbale attraverso l'abbigliamento è anche profondamente influenzata dal contesto culturale e sociale. Ciò che è considerato appropriato o attraente in una cultura può non esserlo in un'altra. Questa consapevolezza culturale è essenziale, specialmente in un mondo globalizzato, dove le interazioni spesso avvengono tra persone di diverse origini e contesti culturali. Una comprensione sensibile di queste differenze può migliorare la comunicazione e favorire relazioni interpersonali positive.

Ruolo dei Professionisti dell'Immagine: Di fronte a queste sfide, i professionisti dell'immagine, come i personal shopper e i consulenti d'immagine, assumono un ruolo cruciale. Essi aiutano i loro clienti a navigare nel complesso mondo della comunicazione non verbale, selezionando abiti e accessori che non solo li fanno sentire a proprio agio e sicuri, ma che comunicano anche efficacemente le loro intenzioni, il loro status e la loro personalità. Attraverso la loro guida esperta, i clienti possono apprendere come utilizzare l'abbigliamento e l'immagine personale per esprimere la migliore versione di sé stessi, sia nel contesto professionale che in quello personale.

In conclusione, la comunicazione non verbale attraverso l'immagine personale è un elemento fondamentale della nostra interazione quotidiana con il mondo. Un'immagine curata e consapevole può aprire molteplici porte e creare connessioni positive, migliorando la nostra percezione di noi stessi e il modo in cui gli altri ci percepiscono.

Impatto Psicologico

Oltre a influenzare le percezioni altrui, l'immagine ha anche un profondo impatto psicologico su chi la porta. Il modo in cui ci vestiamo e ci presentiamo può influenzare direttamente la nostra autostima e la fiducia in noi stessi. Un'immagine curata può conferire un senso di controllo e competenza, mentre un'immagine trascurata può avere l'effetto opposto. Questo fenomeno, noto come "enclothed cognition", sottolinea come l'abbigliamento possa alterare non solo la percezione che gli altri hanno di noi, ma anche la nostra autopercezione.

Impatto Psicologico dell'Immagine Personale: l'immagine personale, e in particolare il modo in cui ci vestiamo, ha un impatto profondo e spesso sottovalutato sul nostro benessere psicologico. Questa relazione tra abbigliamento e psiche, nota come "enclothed cognition", va ben oltre il superficiale, influenzando in modo significativo come ci sentiamo in relazione a noi stessi e al mondo che ci circonda.

Enclothed Cognition: La "enclothed cognition" si riferisce al fenomeno per cui le caratteristiche degli abiti che indossiamo possono influenzare il nostro comportamento, le nostre attitudini e il modo in cui elaboriamo le informazioni. Questo concetto va oltre l'idea che "vestirsi per il successo" possa influenzare le impressioni degli altri; suggerisce piuttosto che ciò che indossiamo può cambiare la nostra stessa autopercezione e performance. Ad esempio, indossare un abito formale può non solo aumentare la percezione della nostra professionalità da parte degli altri, ma può anche aumentare la nostra stessa sensazione di competenza e affidabilità.

Autostima e Immagine Corporea: Il modo in cui gestiamo la nostra immagine personale ha una forte correlazione con la nostra autostima e immagine corporea. Vestire in un modo che sentiamo rifletta la nostra vera identità può rafforzare la fiducia in noi stessi e promuovere una maggiore accettazione del nostro corpo. Al contrario, indossare abiti in cui non ci sentiamo a nostro agio può esacerbare l'insoddisfazione corporea e diminuire la nostra autostima.

Effetto sul Comportamento e sulle Emozioni: Gli abiti possono anche influenzare il nostro comportamento e le nostre emozioni. Indossare qualcosa che amiamo e in cui ci sentiamo a nostro agio può migliorare il nostro umore e la nostra disposizione generale. Questo può portare a un miglioramento delle relazioni interpersonali, della produttività e persino della creatività. Inoltre, l'atto di scegliere consapevolmente gli abiti può essere un esercizio di mindfulness, aiutandoci a connetterci con il presente e con noi stessi.

Personalizzazione e Espressione di Sé: Il processo di selezione dell'abbigliamento è anche un potente mezzo di espressione personale. Avere il controllo sul modo in cui ci presentiamo al mondo può essere un atto di autoespressione e un modo per comunicare aspetti della nostra personalità senza parole. Questa forma di espressione personale è particolarmente importante in periodi di cambiamento o transizione, dove i nuovi stili di abbigliamento possono riflettere evoluzioni interne o desideri di rinnovamento.

Ruolo dei Professionisti dell'Immagine: In questo contesto, il lavoro dei personal shopper e dei consulenti d'immagine diventa un potente strumento per migliorare il benessere psicologico. Guidando i loro clienti nella scelta di abiti che non solo li fanno apparire al meglio, ma che rispecchiano anche la loro personalità e le loro aspirazioni, questi professionisti possono avere un impatto tangibile sul modo in cui i clienti si vedono e si sentono. Attraverso un'immagine curata e personalizzata, contribuiscono a costruire una maggiore fiducia in sé stessi e un senso di autenticità nei loro clienti.

In sintesi, l'immagine personale e le scelte di abbigliamento hanno un impatto significativo non solo sulla percezione altrui, ma anche sul nostro benessere psicologico. Una gestione consapevole dell'immagine può essere un potente strumento di autostima, empowerment e autoespressione.

L'Immagine in Ambito Professionale

L'immagine in ambito lavorativo è un aspetto fondamentale che va ben oltre la pura apparenza estetica. In un mondo professionale sempre più competitivo e visivamente orientato, l'immagine che proiettiamo può avere un impatto diretto e significativo sulle nostre carriere. Questo concetto è particolarmente rilevante in un'era dove la prima impressione è spesso formata ancor prima di un incontro faccia a faccia, grazie alla prevalenza dei social media e delle piattaforme professionali online.

Impatto sulla Percezione Professionale: Un aspetto professionale e adeguato è una chiave fondamentale per comunicare competenza, affidabilità e serietà. In molti settori, l'abbigliamento e l'immagine personale sono visti come estensioni della professionalità di un individuo. Un aspetto curato e in linea con le aspettative del settore può aprire la strada a nuove opportunità, facilitare le relazioni con clienti e colleghi, e aumentare la percezione di credibilità e autorevolezza. Al contrario, un'immagine trascurata o inadatta può portare a giudizi negativi, sminuire la percezione della competenza professionale e limitare le opportunità di avanzamento di carriera.

Ruolo nella Marca Personale: In un'era dove il personal branding è diventato cruciale, l'immagine personale è spesso considerata un elemento chiave della marca personale. L'abbigliamento, la cura personale e il linguaggio corporeo sono componenti che contribuiscono a definire la nostra identità professionale. Un'immagine coerente e ben curata può rafforzare la nostra marca personale, aiutandoci a distinguerci in un mercato del lavoro affollato e a costruire una reputazione solida e rispettata.

Differenze Settoriali e Culturali: È importante riconoscere che le norme relative all'immagine professionale possono variare notevolmente a seconda del settore e del contesto culturale. Ciò che è considerato appropriato in un ambiente creativo potrebbe non esserlo in un contesto aziendale più conservatore. La consapevolezza di queste differenze è essenziale per navigare con successo nel mondo del lavoro e per interagire efficacemente con colleghi e clienti di diversi sfondi.

Impatto sulle Relazioni di Lavoro: Un'immagine professionale adeguata può anche facilitare la creazione di relazioni di lavoro positive. Può aiutare a stabilire un rapporto di fiducia e rispetto con colleghi e clienti, creando un ambiente di lavoro più armonioso e produttivo. Inoltre, un aspetto professionale può anche influenzare positivamente la nostra autopercezione in ambito lavorativo, aumentando la fiducia in noi stessi e migliorando le nostre prestazioni.

Consulenza Professionale sull'Immagine: In questo contesto, la figura del consulente d'immagine o del personal shopper acquisisce un valore aggiunto significativo. Essi possono offrire una guida esperta su come presentarsi in modo ottimale in ambito professionale, tenendo conto delle specifiche esigenze del settore e delle preferenze personali del cliente. L'obiettivo è quello di creare un'immagine che non solo sia esteticamente piacevole, ma che comunichi efficacemente le qualità professionali e il valore personale del cliente.

In definitiva, l'immagine in ambito professionale è un aspetto cruciale che va curato con attenzione e consapevolezza. Una gestione strategica dell'immagine può aprire nuove porte professionali, rafforzare la marca personale e migliorare le relazioni lavorative, sottolineando l'importanza di considerare l'abbigliamento e la cura personale non solo come una questione di stile, ma come componenti integrali del successo professionale.

Diversità e Inclusività

In un mondo caratterizzato da un crescente riconoscimento della diversità e della necessità di inclusività, l'immagine personale assume un ruolo fondamentale come veicolo di espressione e di celebrazione dell'unicità individuale. Questo approccio all'immagine va oltre la semplice estetica, diventando un potente strumento per promuovere il rispetto e la valorizzazione delle differenze culturali, di genere, di età e di ogni altra forma di diversità umana.

Celebrazione dell'Unicità Individuale: In un contesto globale dove le culture si intrecciano e le identità sono più fluide, l'immagine diventa un mezzo per esprimere e celebrare questa ricca varietà di esperienze umane. Vestire in modo che rispecchi la propria cultura, identità di genere, età o qualsiasi altra caratteristica personale è un atto di autoaffermazione e di orgoglio. I professionisti dell'immagine hanno il compito di aiutare i loro clienti a trovare uno stile che non solo li faccia sentire valorizzati e a proprio agio, ma che rappresenti anche autenticamente chi sono.

Sfida agli Stereotipi: Attraverso l'immagine, è possibile sfidare gli stereotipi e i preconcetti che spesso circondano certe identità o gruppi culturali. Un'immagine curata e consapevole può contribuire a smantellare pregiudizi e promuovere una visione più aperta e inclusiva della società. In particolare, nei contesti professionali, un'immagine inclusiva può aiutare a creare ambienti di lavoro più accoglienti e rispettosi, dove la diversità viene vista come una risorsa e non come un ostacolo.

Rispetto delle Differenze Culturali: In un mondo globale, rispettare e comprendere le diverse norme culturali relative all'abbigliamento e all'immagine personale è fondamentale. Ciò che è considerato appropriato o alla moda in una cultura può avere significati molto diversi in un'altra. I consulenti d'immagine e i personal shopper, pertanto, devono avere una conoscenza profonda e sensibile di queste differenze per guidare i loro clienti in scelte che siano rispettose e appropriate.

Inclusività di Genere e di Età: In ambito di moda e immagine, l'inclusività riguarda anche la rappresentazione e la valorizzazione di tutte le età e identità di genere. Creare stili che rispettino e celebrino la diversità di genere e l'evoluzione dello stile nel corso della vita di una persona è un aspetto cruciale del lavoro dei professionisti dell'immagine. Questo implica andare oltre i canoni tradizionali e i cliché legati all'età e al genere, abbracciando una visione più flessibile e personalizzata dello stile.

Promozione di un Dialogo Costruttivo: L'immagine personale può anche fungere da punto di partenza per conversazioni più ampie sulla diversità e sull'inclusività. Attraverso la scelta consapevole e rispettosa degli abiti e degli accessori, i professionisti dell'immagine e i loro clienti possono contribuire a promuovere un dialogo costruttivo su questi temi importanti, favorendo la comprensione e l'accettazione delle differenze.

In un'epoca che valorizza sempre più la diversità e l'inclusività, l'immagine personale diventa un potente strumento di espressione, di rispetto e di celebrazione dell'unicità di ogni individuo. I consulenti d'immagine e i personal shopper giocano un ruolo cruciale nel guidare i loro clienti verso scelte di stile che non solo rispecchiano chi sono, ma che contribuiscono anche a costruire una società più aperta e inclusiva.

Ruolo dei Professionisti dell'Immagine

Nell'ecosistema sempre più complesso e sfaccettato della moda e dello stile personale, i professionisti dell'immagine, quali personal shopper e consulenti d'immagine, assumono un ruolo di vitale importanza. La loro expertise va ben oltre la semplice scelta di capi di abbigliamento; si tratta di veri e propri interpreti e navigatori del mondo dell'immagine, che assistono i clienti nel tracciare un percorso personale e significativo attraverso le infinite possibilità della moda.

Armonizzazione dell'Immagine con l'Identità Interna: Uno degli aspetti fondamentali del loro lavoro è l'armonizzazione dell'immagine esteriore del cliente con la sua identità interna. I professionisti dell'immagine aiutano i clienti a esprimere chi sono realmente attraverso i loro abiti, assicurando che l'immagine esterna rifletta fedelmente la personalità, i valori, e gli obiettivi di vita del cliente. Questo processo non si limita alla selezione di abbigliamento che "sta bene", ma si concentra sulla creazione di uno stile che parli del singolo individuo, della sua storia e delle sue aspirazioni.

Guida Verso l'Autentica Espressione di Sé: Personal shopper e consulenti d'immagine agiscono come guide nel viaggio verso un'autentica espressione di sé. Lavorano per comprendere profondamente il cliente – i suoi gusti, le sue esigenze, il suo stile di vita – e per tradurre queste informazioni in scelte di stile che esaltino la sua unicità. Questo processo può includere la scoperta di nuovi stili, l'esplorazione di colori e tessuti che esprimano al meglio la personalità del cliente, o il rinnovamento di un guardaroba per segnare una nuova fase della vita.

Miglioramento della Qualità di Vita e dell'Autostima: Il ruolo di questi esperti va oltre l'aspetto estetico; ha un impatto diretto sulla qualità di vita e sull'autostima dei clienti. Vestire in un modo che ci fa sentire autentici e a nostro agio può aumentare significativamente la fiducia in noi stessi e il benessere generale. I professionisti dell'immagine, attraverso le loro competenze e la loro sensibilità, aiutano i clienti a raggiungere questo livello di comfort e fiducia, influenzando positivamente sia la loro vita personale che professionale.

Adattabilità e Competenza Culturale: In un mondo globalizzato e culturalmente diversificato, i professionisti dell'immagine devono possedere una forte adattabilità e competenza culturale. Devono essere in grado di navigare e rispettare una varietà di norme culturali, di stili e di aspettative, offrendo una consulenza che sia sensibile e inclusiva. Questa capacità di adattamento è essenziale non solo per rispettare le diverse esigenze dei clienti, ma anche per contribuire a un panorama della moda più aperto e variegato.

Innovazione e Tendenze: Oltre a guidare i clienti nelle loro scelte di stile personali, i professionisti dell'immagine devono anche rimanere al passo con le ultime tendenze e innovazioni nel mondo della moda. Questo non significa seguire ciecamente ogni nuova moda, ma piuttosto comprendere le tendenze attuali e saperle integrare in modo intelligente e personalizzato nelle scelte di stile dei clienti, assicurando che questi ultimi rimangano contemporanei pur essendo fedeli al loro stile personale.

I professionisti dell'immagine, insomma, giocano un ruolo fondamentale nel mondo contemporaneo della moda e dello stile. La loro abilità nel tradurre la complessità dell'identità personale e della moda in un'immagine coerente e autentica è una componente essenziale nel processo di autoespressione e autorealizzazione di un individuo.

In conclusione, l'immagine personale è molto più che un semplice aspetto estetico; è una forma di comunicazione essenziale, un elemento di autoespressione e un fattore cruciale per il successo e il benessere personale. La cura dell'immagine, quindi, non è solo una questione di moda, ma una competenza vitale per navigare efficacemente in una società sempre più visiva e interconnessa.

IMPATTO DELL'IMMAGINE PERSONALE SULLA PERCEZIONE E AUTOSTIMA

L'immagine personale è una componente fondamentale dell'identità di un individuo e gioca un ruolo critico sia nella percezione che gli altri hanno di noi sia nella nostra autostima. Questa relazione bidirezionale tra come ci vediamo e come siamo visti dagli altri è profondamente intrecciata con la nostra immagine esteriore, che include l'abbigliamento, il grooming, il linguaggio del corpo e l'espressione generale.

Percezione degli Altri

L'immagine personale, in ogni sua forma, funge da potente canale di comunicazione non verbale che precede e accompagna le nostre interazioni. Prima ancora che una parola venga scambiata, il nostro aspetto esteriore invia una serie di segnali e messaggi che gli altri interpretano, consciamente o inconsciamente, per formarsi un'opinione su di noi.

Narrativa Visiva: Ogni elemento del nostro aspetto – dagli abiti che indossiamo al modo in cui acconciamo i capelli, dalla nostra postura al nostro modo di muoverci – contribuisce a costruire una narrativa visiva su chi siamo. Questa narrativa racconta storie sul nostro background, sul nostro stato d'animo attuale, sui nostri gusti e preferenze personali, e perfino sulle nostre aspirazioni. In contesti formali, come nel luogo di lavoro, una presentazione professionale e accurata può comunicare serietà, affidabilità e competenza. In contesti più casuali, l'immagine personale può riflettere la nostra personalità più rilassata o i nostri hobby e interessi.

Impatto sulle Prime Impressioni: Le prime impressioni sono spesso durature e difficili da modificare. L'immagine che proiettiamo nelle prime fasi di un incontro può determinare la direzione delle future interazioni. Se presentiamo un'immagine curata e consona al contesto, siamo più propensi a essere percepiti come persone affidabili, competenti e piacevoli da frequentare. Questo aspetto è particolarmente rilevante in situazioni come colloqui di lavoro, incontri di business, o eventi sociali importanti.

Coesione tra Immagine e Identità: La coerenza tra la nostra immagine esteriore e la nostra identità interna è essenziale per trasmettere autenticità. Una discrepanza significativa tra come ci presentiamo e chi siamo realmente può portare a malintesi o a percezioni errate sul nostro conto. Quando l'immagine esteriore è in armonia con l'identità interna, si comunica una sensazione di autenticità e sicurezza che è attraente e rassicurante per gli altri.

Conseguenze di un'Immagine Trascurata: Al contrario, un'immagine trascurata o incoerente può portare ad essere percepiti come meno professionali, meno affidabili o meno competenti. In alcuni casi, può anche influenzare negativamente la nostra credibilità e la fiducia che gli altri ripongono in noi. Questo aspetto può essere particolarmente problematico in ambienti professionali, dove l'immagine personale può essere vista come un riflesso della professionalità e dell'attenzione al dettaglio.

Ruolo dei Professionisti dell'Immagine: I professionisti dell'immagine, comprendendo l'importanza di questi aspetti, lavorano per aiutare i loro clienti a sviluppare un'immagine che sia non solo esteticamente piacevole, ma che comunichi anche efficacemente chi sono e cosa rappresentano. Essi forniscono consulenza non solo su cosa indossare, ma anche su come portare gli abiti e su come presentarsi in modo che la loro immagine esteriore sia un autentico riflesso della loro personalità e del loro stile di vita.

L'immagine personale è un aspetto fondamentale della comunicazione non verbale. Gestire consapevolmente la propria immagine può avere un impatto significativo su come gli altri ci percepiscono e interagiscono con noi, influenzando in modo determinante le nostre opportunità sociali e professionali.

Autostima e Autoefficacia

Profondità dell'Impatto Psicologico dell'Abbigliamento: Oltre alla semplice "enclothed cognition", esistono molteplici strati psicologici che definiscono il rapporto tra il nostro abbigliamento e la nostra autopercezione. Ad esempio, la scelta di vestiti che riteniamo esprimano la nostra vera identità può servire come un potente strumento di affermazione di sé. Questo atto di autoespressione, quando allineato con i nostri valori e le nostre aspirazioni, può rafforzare la nostra autostima e la fiducia nelle nostre capacità.

Impatto del Fit e Comfort: Il comfort e la vestibilità dell'abbigliamento sono fattori cruciali che influenzano la nostra autoefficacia. Abiti ben adattati e confortevoli possono aumentare la sensazione di competenza e controllo. Questo aspetto è particolarmente rilevante in situazioni ad alta pressione, come incontri di lavoro o presentazioni pubbliche, dove la fiducia in se stessi è essenziale.

Abbigliamento come Armatura Psicologica: Per molte persone, l'abbigliamento può funzionare come una sorta di "armatura psicologica", fornendo un senso di sicurezza e protezione in situazioni sociali impegnative. Indossare un capo in cui ci si sente particolarmente a proprio agio o potenti può essere un modo per affrontare l'ansia sociale o per aumentare la sensazione di controllo in un ambiente sfidante.

Relazione tra Moda e Identità Personale: La moda non è solo uno strumento per impressionare gli altri, ma un mezzo per esplorare e affermare la propria identità. La capacità di sperimentare e giocare con diversi stili può essere un percorso verso una maggiore autocomprensione e accettazione di sé. Questo processo di esplorazione e di affermazione attraverso la moda può portare a un incremento della fiducia in sé e a una maggiore autoefficacia.

Il Ruolo dei Professionisti dell'Immagine nell'Empowerment: I professionisti dell'immagine, come i personal shopper e i consulenti d'immagine, possono giocare un ruolo cruciale nell'empowerment dei loro clienti attraverso la moda. Essi possono aiutare i clienti a scoprire stili che migliorano non solo il loro aspetto, ma anche la loro percezione di sé. Questo processo va oltre la scelta di abiti esteticamente gradevoli, concentrandosi sul trovare capi che risuonino veramente con l'individuo, migliorando così la loro autostima e autoefficacia.

Possiamo allora affermare che l'immagine personale e l'abbigliamento sono intimamente collegati alla nostra autostima e autoefficacia. La moda offre un mezzo unico per esprimere e rafforzare la nostra identità, migliorare la nostra autopercezione e navigare con maggiore sicurezza nelle interazioni sociali e professionali.

Dinamiche di Gruppo e Appartenenza

L'immagine personale ha un'influenza significativa sulle dinamiche di gruppo e sull'appartenenza, sia in contesti sociali che professionali. Questa dinamica si estende ben oltre la mera adesione a un codice di abbigliamento; riflette la comprensione e l'adesione a determinate norme culturali e sociali che sono fondamentali per l'integrazione e l'accettazione all'interno di un gruppo.

Espressione di Valori di Gruppo: Il modo in cui ci vestiamo può essere una potente dichiarazione di allineamento con i valori e le norme di un determinato gruppo. Per esempio, in un ambiente aziendale, aderire al codice di abbigliamento stabilito può comunicare il rispetto per le convenzioni aziendali e un desiderio di integrarsi. In contesti sociali, l'abbigliamento può riflettere l'appartenenza a determinati gruppi culturali o sociali, esprimendo solidarietà o condivisione di specifici valori o interessi.

Navigazione tra Diversi Contesti: La capacità di adattare la propria immagine in base al contesto richiede una comprensione attenta delle aspettative e delle norme di ogni ambiente. Questo richiede una sorta di fluidità sociale e flessibilità, dove una persona può modificare il proprio stile per riflettere l'ambiente in cui si trova, mantenendo al contempo un senso di autenticità personale. Questa capacità di navigare tra diversi contesti è una competenza sociale preziosa che facilita la comunicazione e l'integrazione.

Gestione dell'Alterità: In situazioni in cui un individuo sceglie deliberatamente di discostarsi dalle norme di abbigliamento di un gruppo, si può creare una percezione di "alterità". Mentre in alcuni casi questo può essere un atto di autoespressione e di affermazione di un'identità unica, in altri può portare a sfide in termini di integrazione e accettazione all'interno del gruppo. È importante riconoscere quando e come esprimere la propria individualità attraverso l'abbigliamento, bilanciando l'espressione personale con il rispetto per le norme del gruppo.

Ruolo nel Rafforzare l'Identità di Gruppo: La condivisione di uno stile di abbigliamento comune all'interno di un gruppo può anche funzionare per rafforzare l'identità collettiva e il senso di appartenenza. Questo può essere visto in gruppi professionali, comunità culturali, squadre sportive, e altri contesti sociali dove un certo tipo di abbigliamento o accessorio diventa un simbolo di unità e di appartenenza.

Implicazioni nella Diversità e Inclusività: In contesti che valorizzano la diversità e l'inclusività, è importante considerare come le norme relative all'immagine e all'abbigliamento possano essere inclusive e rispettose delle differenze individuali. Creare ambienti in cui le persone si sentano libere di esprimere la propria identità attraverso l'abbigliamento, pur rispettando le norme generali del gruppo, è fondamentale per promuovere un senso di accettazione e appartenenza.

In sintesi, l'immagine personale e la scelta dell'abbigliamento giocano un ruolo fondamentale nelle dinamiche di gruppo e nell'appartenenza. La capacità di adattare l'immagine in modo appropriato ai vari contesti sociali e professionali, mantenendo al contempo un senso di autenticità personale, è una competenza sociale chiave che influisce sulla nostra capacità di integrarci e interagire efficacemente con gli altri.

Gestione dell'Immagine Personale

La gestione consapevole dell'immagine personale rappresenta un elemento chiave per il successo e il benessere in tutti gli ambiti della vita. Nell'era della comunicazione visiva e dei social media, l'abilità di presentare un'immagine che sia sia autentica che contestualmente appropriata può avere un impatto significativo sulla percezione altrui, sulle opportunità professionali e sulle relazioni interpersonali.

Autenticità e Adattabilità: Il cuore della gestione dell'immagine personale risiede nel trovare un equilibrio tra autenticità e adattabilità. Da un lato, è fondamentale che l'immagine che proiettiamo rifletta la nostra vera identità, i nostri valori e la nostra personalità. Questo non solo aumenta la nostra autostima, ma anche la fiducia che gli altri ripongono in noi.

D'altro canto, essere in grado di adattare la nostra immagine alle diverse esigenze dei contesti sociali e professionali in cui ci troviamo è altrettanto importante per assicurare la nostra accettazione e il nostro successo in quegli ambienti.

Strategie di Gestione dell'Immagine: La gestione efficace dell'immagine personale richiede una serie di strategie consapevoli. Ciò include comprendere il linguaggio non verbale e il significato dietro varie scelte di stile, oltre alla consapevolezza di come certi stili, colori o abbigliamenti possano essere interpretati in diversi contesti. Implica anche la capacità di autoanalisi e di adattamento, valutando continuamente come le nostre scelte di immagine si allineino con i nostri obiettivi personali e professionali.

Importanza del Contesto: Ogni contesto sociale o professionale ha le sue norme e aspettative relative all'immagine. Comprendere queste norme e adattare di conseguenza la propria immagine personale è cruciale per facilitare le interazioni e per essere percepiti positivamente. Ciò può variare significativamente tra diversi settori professionali, eventi sociali, o anche tra diverse culture.

Riflessione e Crescita Personale: La gestione dell'immagine personale non è un processo statico; è un percorso di continua riflessione e crescita. Mentre ci evolviamo come individui, anche la nostra immagine dovrebbe evolvere per riflettere i cambiamenti nella nostra identità, nel nostro stile di vita e nelle nostre aspirazioni. Questo processo di adattamento e crescita contribuisce non solo al nostro successo esterno, ma anche al nostro sviluppo interiore.

Ruolo dei Professionisti dell'Immagine: Per coloro che cercano di ottimizzare la loro immagine personale, i professionisti dell'immagine, come personal shopper e consulenti d'immagine, possono offrire una guida inestimabile. Essi possono aiutare ad identificare gli stili che meglio si adattano alla personalità e agli obiettivi del cliente, oltre a fornire consigli su come navigare le complessità dei vari contesti sociali e professionali.

Come avete compreso, la gestione efficace dell'immagine personale è una competenza fondamentale nell'era moderna. Riuscire a presentare un'immagine che sia autentica e al contempo appropriata per il contesto può significare la differenza tra il raggiungimento del successo e la mancata realizzazione del proprio potenziale. È un equilibrio dinamico che richiede consapevolezza, adattabilità e una continua autoesplorazione.

In conclusione, l'immagine personale è molto più che un aspetto superficiale; è un elemento chiave della nostra identità e un fattore cruciale nella definizione delle nostre relazioni con gli altri e con noi stessi. Una gestione attenta e consapevole dell'immagine personale può portare a una maggiore autostima, successo professionale e soddisfazione personale.

STUDI E STATISTICHE RILEVANTI

Studi sulla "Enclothed Cognition": Questi studi esplorano come l'abbigliamento che indossiamo influenzi il nostro comportamento, le nostre attitudini e persino il nostro processo decisionale. Ricerche in questo ambito possono fornire dati su come specifici tipi di abbigliamento possano migliorare la fiducia in sé, la performance in compiti specifici o la percezione di autorità e competenza.

Ricerche sull'Impatto dell'Abbigliamento sul Successo Professionale: Alcuni studi si concentrano su come l'abbigliamento influenzi la percezione di professionalità e affidabilità sul posto di lavoro. Questi possono includere statistiche su come l'abbigliamento influenzi le probabilità di essere assunti, promossi o percepiti come leader.

Analisi dell'Impatto dell'Immagine Personale sulla Prima Impressione: Ci sono ricerche che indagano quanto velocemente formiamo giudizi basati sull'aspetto esteriore e come questi giudizi influenzino le nostre interazioni. Questi studi possono offrire dati interessanti sulla durata dell'impatto di una prima impressione e su quali aspetti dell'immagine sono più influenti.

Ricerche sulla Moda e l'Identità Sociale: Questi studi esplorano come l'abbigliamento e lo stile personale si collegano all'identità sociale, culturale e di genere. Possono includere dati su come diversi gruppi sociali utilizzino la moda per esprimere la loro identità o appartenenza a un gruppo.

Studi sulla Psicologia del Consumatore nella Moda: Questi studi analizzano come i consumatori scelgono e acquistano abbigliamento, con un focus su aspetti come l'influenza dei social media, le tendenze di consumo sostenibile, o l'impatto della pubblicità e del marketing nel settore della moda.

Impatto dell'Abbigliamento sulle Prestazioni Cognitive: Alcuni studi psicologici hanno esplorato il concetto di "enclothed cognition", dimostrando come l'abbigliamento possa influenzare le prestazioni cognitive e il comportamento. Per esempio, indossare un camice da laboratorio è stato collegato a un aumento dell'attenzione e della precisione in determinati compiti, suggerendo che l'abbigliamento può influenzare il modo in cui elaboriamo informazioni e risolviamo problemi.

Relazione tra Moda e Autostima: La ricerca in ambito psicologico ha anche esaminato come la scelta dell'abbigliamento sia correlata alla nostra autostima. Gli abiti possono agire come una forma di auto-espressione che, se in linea con la nostra identità personale, può aumentare la fiducia in noi stessi e il benessere psicologico.

Influenza della Moda sulle Dinamiche Sociali: Studi sociologici hanno investigato come l'abbigliamento influenzi la percezione sociale, la stratificazione e le dinamiche di gruppo. L'abbigliamento può fungere da indicatore di status sociale, gruppo di appartenenza o addirittura di valori personali, influenzando così le interazioni sociali e le relazioni.

Abbigliamento e Percezione Professionale: In ambito professionale, numerosi studi hanno esaminato l'impatto dell'abbigliamento sulle percezioni di competenza e credibilità. Un aspetto curato e professionale può non solo influenzare la percezione che gli altri hanno di noi, ma anche aumentare la nostra percezione di autoefficacia nel lavoro.

Consumo di Moda e Sostenibilità: Nel contesto della crescente preoccupazione per l'ambiente e la sostenibilità, la ricerca ha iniziato a concentrarsi sul comportamento dei consumatori nel settore della moda. Questi studi esplorano temi come il consumo consapevole, l'impatto ambientale della produzione di moda e l'interesse dei consumatori per marchi di moda sostenibili.

DOMANDE FREQUENTI: COME L'IMMAGINE INFLUISCE NELLA VITA QUOTIDIANA?

Come influisce l'immagine personale sulle relazioni sociali?

L'immagine personale gioca un ruolo significativo nel modo in cui interagiamo e siamo percepiti in ambito sociale. Un aspetto curato e in linea con la nostra identità può facilitare le interazioni sociali, migliorare la fiducia in noi stessi e aiutarci a esprimere la nostra personalità.

L'abbigliamento può davvero influenzare la mia autostima?

Sì, l'abbigliamento ha un impatto diretto sull'autostima. Vestire in modo che ci faccia sentire a nostro agio e che rifletta la nostra identità può aumentare significativamente la fiducia in noi stessi e il nostro senso di benessere.

La mia immagine personale influisce sulle mie opportunità professionali?

Assolutamente. Un'immagine professionale e appropriata al contesto lavorativo può influenzare la percezione che i colleghi e i superiori hanno di te, aumentando le possibilità di successo e avanzamento professionale.

È importante adattare il mio stile al contesto?

Sì, adattare il tuo stile in base al contesto è fondamentale. Un abbigliamento appropriato per il contesto in cui ti trovi mostra rispetto e consapevolezza sociale, e può influenzare positivamente come gli altri ti percepiscono.

Come può la mia immagine personale influenzare la mia vita amorosa?

L'immagine personale è spesso il primo aspetto che gli altri notano in un contesto romantico. Presentarsi in modo che rifletta chi sei veramente può aiutarti a attrarre persone che apprezzano la tua vera personalità, favorendo relazioni più autentiche e soddisfacenti.

L'immagine personale ha un ruolo nella mia salute mentale?

Sì, l'immagine personale può influenzare la salute mentale. Vestire in modo che ti faccia sentire sicuro e autentico può migliorare il tuo umore e la tua autostima, contribuendo a una migliore salute mentale generale.

Come posso bilanciare moda e comfort?

Bilanciare moda e comfort richiede di trovare un punto di incontro tra ciò che è stilisticamente piacevole e ciò che ti fa sentire a tuo agio. Sperimentare con diversi stili e tessuti può aiutarti a scoprire ciò che funziona meglio per te.

Cambiare il mio stile può influenzare la mia autopercezione?

Cambiare stile può avere un impatto significativo sulla tua autopercezione. Sperimentare con nuovi look può essere un modo per esplorare diverse parti della tua personalità e scoprire nuovi aspetti di te stesso.

L'immagine personale è importante anche quando lavoro da casa?

Sì, mantenere un'immagine personale curata anche quando lavori da casa può influenzare positivamente la tua produttività e il tuo stato d'animo. Vestire in modo che ti faccia sentire professionale, anche in un ambiente domestico, può aiutarti a mantenere una chiara distinzione tra tempo lavorativo e personale.

In che modo posso sviluppare il mio stile personale?

Sviluppare il tuo stile personale richiede tempo e sperimentazione. Inizia identificando ciò che ti piace, ciò che ti fa sentire a tuo agio e ciò che riflette la tua personalità. Considera anche di consultare un consulente d'immagine per consigli personalizzati.

Queste domande frequenti evidenziano l'importanza e la vastità dell'argomento dell'immagine personale, mostrando come quest'ultima influisca in numerosi aspetti della vita quotidiana.

MITI DA SFATARE: L'IMMAGINE CONTA SOLO NELL'AMBITO PROFESSIONALE

Importanza Oltre il Professionale: Il mito che l'immagine sia rilevante solo in contesti professionali ignora il ruolo significativo che essa gioca in numerosi altri aspetti della vita. L'immagine personale ha un impatto profondo non solo sul successo professionale, ma anche sulle relazioni sociali, sulla salute mentale, sulla vita amorosa e sull'autostima.

Relazioni Sociali e Prima Impressione: Nelle interazioni sociali, l'immagine personale è spesso il primo aspetto che viene notato. Questo influisce sulla prima impressione e può stabilire il tono per le future interazioni. Un'immagine curata e autentica può facilitare la creazione di connessioni significative e migliorare la qualità delle relazioni sociali.

Immagine e Salute Mentale: La nostra immagine personale può influenzare direttamente il modo in cui ci percepiamo e, di conseguenza, la nostra salute mentale. Vestire in modo che ci faccia sentire sicuri e autentici può avere un effetto positivo sulla nostra autostima e sul nostro stato d'animo generale.

Vita Amorosa e Attrazione Personale: Nella vita amorosa, l'immagine personale gioca un ruolo fondamentale nell'attrazione e nel romanticismo. Un aspetto che riflette la nostra vera personalità può aiutarci ad attrarre partner che apprezzano chi siamo veramente, contribuendo a relazioni più soddisfacenti e autentiche.

Autoespressione e Identità Personale: L'immagine personale è un potente strumento di autoespressione. Attraverso le nostre scelte di abbigliamento e stile, possiamo esprimere la nostra identità, i nostri valori e la nostra unicità. Questo aspetto dell'immagine è cruciale per il nostro senso di identità e può influenzare la nostra percezione di chi siamo.

Effetti Sulla Produttività e sul Benessere: Anche in contesti non professionali, come il lavoro da casa o le attività quotidiane, l'immagine personale può influenzare la produttività e il benessere. Vestire in modo che ci faccia sentire preparati e concentrati può aumentare la nostra efficienza e aiutarci a mantenere una chiara distinzione tra tempo lavorativo e personale.

Impatto Culturale e Sociale: L'immagine personale ha anche un impatto culturale e sociale. Può essere un modo per esprimere appartenenza a un gruppo culturale o sociale, o per partecipare a movimenti culturali o tendenze di moda che riflettono valori o ideali sociali.

Adattabilità e Crescita Personale: Infine, l'immagine personale è un aspetto dinamico della nostra vita, che si evolve insieme a noi. La capacità di adattare la nostra immagine per riflettere i cambiamenti nella nostra vita personale e i nostri obiettivi è una parte importante della crescita e dello sviluppo personale.

In sintesi, l'immagine personale va ben oltre il contesto professionale. È un aspetto intrinsecamente legato a molte sfere della nostra vita, influenzando la nostra interazione con gli altri, la nostra autopercezione e il nostro posto nel mondo sociale e culturale. Sfatare il mito che l'immagine conti solo professionalmente è essenziale per riconoscere e valorizzare il suo ruolo complessivo nella nostra vita quotidiana.

culturale. Sfatare il mito che l'immagine conti solo professionalmente è essenziale per riconoscere e valorizzare il suo ruolo complessivo nella nostra vita quotidiana.

IL CONSULENTE D'IMMAGINE

Nel tessuto variegato del mondo della moda e dell'immagine personale, il consulente d'immagine emerge come una figura di riferimento, un artista e un confidente, il cui lavoro va ben oltre la semplice selezione di abiti. Questo professionista si immerge nelle storie personali dei suoi clienti, ascoltando, interpretando e traducendo i loro sogni, le loro aspirazioni e le loro esigenze in un'immagine che li rappresenti fedelmente.

La vera arte del consulente d'immagine non risiede solo nella sua conoscenza delle tendenze della moda o nella sua capacità di scegliere il vestito perfetto per un'occasione. Piuttosto, sta nella sua abilità di intuire e valorizzare la personalità unica di ogni cliente, di comprendere le sfumature del loro stile di vita, le peculiarità del loro carattere, la natura del loro lavoro e persino le loro insicurezze e paure. È un lavoro che richiede un tocco empatico, una sensibilità fine e una capacità di ascolto profondo.

In questo viaggio di trasformazione e riscoperta, il consulente d'immagine si occupa non solo di abbigliamento. Ogni dettaglio, dal grooming al trucco, dalla postura alla gestualità, viene considerato per creare un'immagine armoniosa e coerente. L'obiettivo è far emergere la bellezza intrinseca di ogni persona, rafforzando la loro fiducia e autostima.

Il consulente d'immagine diventa così un coach, un alleato nel percorso di crescita personale del cliente. A volte questo ruolo richiede di andare oltre la moda, lavorando sull'autoimmagine e sull'accettazione di sé. In questo senso, il consulente d'immagine ha il potere di influenzare profondamente la vita delle persone, aiutandole a vedere se stesse sotto una nuova luce, più luminosa e autentica.

La sensibilità culturale e l'adattabilità sono qualità indispensabili in questo mestiere. Il consulente d'immagine deve saper navigare tra diverse norme culturali, rispettando le tradizioni e i valori di ogni cliente, mentre guida con delicata maestria verso un'immagine che celebri la loro unicità in ogni contesto.

Infine, sebbene seguire le tendenze sia parte del mestiere, i migliori consulenti d'immagine sanno quando deviare dai sentieri battuti. Hanno l'occhio per riconoscere e valorizzare ciò che rende ogni persona speciale e unica, indipendentemente dalle mode del momento. In loro, i clienti trovano un artista della personalità, un architetto dell'immagine che costruisce ponti tra l'essenza interna e l'espressione esterna.

In definitiva, il consulente d'immagine è molto più di un esperto di moda: è un narratore visivo, un traduttore di identità, e un catalizzatore di cambiamento personale. Attraverso la sua guida, le persone non solo cambiano il modo in cui si vestono, ma spesso anche il modo in cui si vedono e si sentono nel mondo.

Nel mondo variegato e sfaccettato dell'immagine personale, il ruolo del consulente d'immagine si delinea attraverso un insieme di competenze uniche e multifunzionali, intrecciando conoscenze di moda, psicologia, arte della comunicazione e sensibilità interpersonale.

Ruolo del Consulente d'Immagine: Un Mosaico di Responsabilità

Nella sua essenza più profonda, il ruolo del consulente d'immagine si sviluppa come una vera e propria arte dell'interpretazione personale. Questa figura professionale non si limita a essere un esperto di tendenze modaiole o un selezionatore di abiti di tendenza; piuttosto, si configura come un vero e proprio scultore dell'identità visiva, un artigiano della personalità che lavora con la tela del guardaroba per catturare e riflettere l'essenza unica di ogni individuo.

La missione del consulente d'immagine va ben oltre la semplice creazione di un look che colpisca l'occhio; la sua vera arte risiede nella capacità di cogliere e interpretare la complessità dell'individuo, di ascoltare le sue storie, le sue passioni, le sue paure e i suoi sogni. È un processo che va in profondità, scavando nella psicologia del cliente, nei suoi valori fondamentali e nelle sue aspirazioni, per poi tessere questi elementi in un'immagine visiva che sia non solo armoniosa e coesa, ma che rispecchi fedelmente l'individualità della persona.

In questo processo, il consulente opera come un dettagliato analista dell'identità, dedicando tempo ed energia per comprendere ogni sfaccettatura del cliente. Si tratta di un ascolto attivo che va oltre le parole, cogliendo segnali non verbali, espressioni emotive e il linguaggio silenzioso del corpo. Questa comprensione profonda è ciò che permette al consulente di fare scelte di stile che non siano solo esteticamente valide, ma che vibrino in sintonia con l'anima del cliente.

Il consulente d'immagine, quindi, non è solo un maestro della moda, ma anche un narratore visivo che utilizza abiti e accessori come metafore e simboli della storia personale del cliente. Ogni scelta di stile, ogni combinazione di colori, ogni accessorio selezionato diventa parte di un racconto più ampio, una narrazione visiva che celebra l'unicità dell'individuo.

Inoltre, il consulente d'immagine agisce come un ponte tra l'individuo e il mondo esterno. La sua abilità sta nell'equilibrare l'espressione personale del cliente con le aspettative e le norme del contesto in cui egli si muove, sia esso professionale, sociale o personale. Si tratta di un delicato equilibrio tra autenticità e adattabilità, che richiede non solo creatività e intuizione, ma anche una profonda consapevolezza culturale e sociale.

In conclusione, il ruolo del consulente d'immagine è un mosaico complesso di responsabilità, che richiede un'ampia gamma di competenze e una profonda sensibilità. È un ruolo che va ben oltre la superficie, toccando le corde più profonde dell'essere umano e riflettendo la ricca tapezzeria dell'identità personale attraverso l'arte dell'abbigliamento e dello stile.

Competenze Richieste: Una Sinfonia di Abilità

Conoscenza Approfondita della Moda: Ovviamente, una solida comprensione della moda, delle sue tendenze, dei tessuti, dei tagli e dei colori è fondamentale. Il consulente deve essere aggiornato sulle ultime tendenze, ma anche avere una conoscenza storica della moda per poter attingere a un vasto repertorio di stili.

Capacità di Ascolto e Empatia: Forse una delle competenze più cruciali è la capacità di ascoltare veramente i clienti. Comprendere i loro desideri, le loro insicurezze, e i loro sogni è fondamentale per poter creare un'immagine che li rappresenti autenticamente.

Abilità nella Comunicazione Non Verbale: Il consulente deve capire e utilizzare il linguaggio non verbale dell'abbigliamento. Ogni scelta di stile comunica messaggi specifici; il consulente deve sapere come questi messaggi possono essere interpretati in vari contesti sociali e professionali.

Sensibilità Psicologica e Sociale: Comprendere le dinamiche psicologiche che influenzano l'autopercezione e l'immagine corporea è fondamentale. Inoltre, una sensibilità alle varie norme culturali e sociali assicura che le proposte di stile siano rispettose e adeguate.

Creatività e Visione Artistica: Il consulente d'immagine deve avere un occhio artistico, in grado di visualizzare e creare un look che sia unico e personale, che vada oltre i modelli standardizzati di bellezza e stile.

Flessibilità e Adattabilità: La capacità di adattarsi a una vasta gamma di clienti, con esigenze e background diversi, è essenziale. Ogni cliente richiede un approccio personalizzato, che tenga conto delle sue specificità individuali.

Competenze Tecniche e di Stilismo: Dalle basi del color matching alla conoscenza delle proporzioni del corpo, il consulente deve possedere competenze tecniche per poter consigliare efficacemente i clienti sulle scelte di stile che valorizzino al meglio la loro figura.

In conclusione, il ruolo del consulente d'immagine è complesso e sfaccettato, richiedendo una gamma di competenze che vanno ben oltre la semplice scelta dell'abbigliamento. È un ruolo che richiede intuito, sensibilità, creatività e una profonda comprensione della natura umana, tutto finalizzato a esaltare l'unicità individuale attraverso l'immagine personale.

CASI STUDIO ED ESEMPI DI SUCCESSO

In questo viaggio attraverso il mondo del consulente d'immagine, esploreremo alcuni casi studio ed esempi di successo che illustrano l'ampia gamma di impatti che questa professione può avere. Questi racconti sono frutto di una narrazione inventata, ma si basano su scenari realistici e plausibili, offrendo uno spaccato del potenziale trasformativo di un consulente d'immagine.

Caso Studio 1: La Rinascita di un Professionista

John, un dirigente di mezza età in una rinomata società di consulenza, si trovava in una fase stagnante della sua carriera. Nonostante la sua vasta esperienza e competenza, sentiva che qualcosa lo trattenesse. Il suo guardaroba, fatto di tradizionali abiti grigi e blu scuro, rifletteva una vecchia immagine del mondo aziendale, non in linea con la sua personalità intraprendente e il suo spirito innovativo.

La svolta arrivò quando John decise di lavorare con un consulente d'immagine. Inizialmente scettico, si rese presto conto che il cambiamento non riguardava solo l'estetica, ma un rinnovamento più profondo della sua immagine personale. Il consulente, dopo aver ascoltato le storie di John, le sue aspirazioni e i suoi obiettivi professionali, propose un approccio rivoluzionario. Insieme, decisero di introdurre elementi di stile più moderni e audaci nel guardaroba di John, pur mantenendo un'aria di professionalità.

Iniziarono con l'aggiunta di blazer sartoriali in colori più vivaci, come il bordeaux e il verde petrolio, abbinati a camicie su misura in tonalità sottilmente eleganti. Abbandonarono le cravatte convenzionali a favore di accessori più contemporanei, come foulard di seta e gemelli artistici. Anche le scarpe subirono un aggiornamento, passando dai classici Oxford a modelli più moderni con dettagli intriganti.

Man mano che il suo guardaroba si trasformava, anche l'atteggiamento di John subì un cambiamento. Iniziò a sentirsi più sicuro di sé, il suo modo di interagire con i colleghi e i clienti divenne più aperto e carismatico. La sua nuova immagine rifletteva un leader innovativo e accessibile, qualcuno che non solo aveva esperienza, ma era anche in linea con i tempi moderni.

Questo cambiamento ebbe un effetto a catena sul suo percorso professionale. John iniziò a ricevere offerte per progetti più dinamici e creativi, venne invitato a parlare in conferenze del settore, e la sua rete professionale si espanse notevolmente. La sua nuova immagine personale gli aveva aperto le porte a opportunità che prima sembravano fuori dalla sua portata.

In retrospettiva, John attribuì una parte significativa del suo successo rinnovato al lavoro fatto con il consulente d'immagine. Non era solo una questione di vestiti nuovi; era un risveglio della sua identità personale e professionale, un allineamento della sua immagine esterna con il suo vero sé interiore. La storia di John è un esempio eloquente di come un cambiamento nell'immagine personale possa essere il catalizzatore di una trasformazione più ampia nella vita di una persona.

Caso Studio 2: La Metamorfosi di Stella nel Settore Creativo

Stella, una giovane e talentuosa designer grafica, lavorava in uno studio di design di punta. Nonostante il suo incredibile talento e le sue idee innovative, Stella spesso si sentiva trascurata e sottovalutata nel suo ambiente di lavoro. Il suo stile personale, che tendeva verso capi casual e a volte trasandati, le impediva di trasmettere la sua vera competenza e il suo spirito creativo.

La svolta avvenne quando Stella decise di collaborare con un consulente d'immagine, inizialmente per prepararsi a una importante presentazione di design. Il consulente, dopo aver ascoltato attentamente la storia personale e professionale di Stella, comprese che era necessario un approccio che potesse esaltare la sua personalità creativa senza sacrificare la professionalità.

Insieme, decisero di rinnovare il guardaroba di Stella con un focus su capi che mescolassero l'arte e la moda. Introdussero elementi audaci e artistici, come stampe grafiche personalizzate e accessori moderni, che riflettessero il suo spirito creativo. Allo stesso tempo, scelsero capi con tagli puliti e sofisticati, per conferire un senso di professionalità e maturità al suo aspetto.

Mentre il suo guardaroba si evolveva, anche l'autopercezione di Stella cominciò a cambiare. Si sentiva più sicura nelle sue idee e più a suo agio nel presentare il suo lavoro. La sua nuova immagine univa creatività e professionalità, comunicando chiaramente la sua identità unica come designer.

La trasformazione ebbe un impatto notevole sulla sua carriera. Durante la presentazione, Stella riscosse un grande successo, attirando l'attenzione non solo dei suoi superiori, ma anche di clienti esterni. Iniziò a ricevere offerte per progetti di alto profilo e divenne una figura di spicco nello studio.

Ma il cambiamento più significativo fu interiore. Stella si sentiva più in linea con la sua identità professionale e personale. Il suo nuovo stile non era solo un mezzo per essere notata, ma un modo per esprimere la sua vera essenza. Attraverso la collaborazione con il consulente d'immagine, Stella aveva trovato un modo per far risplendere il suo talento, aprendosi a nuove opportunità e guadagnando il rispetto che meritava.

La storia di Stella è un vivido esempio di come un'immagine

attentamente curata possa fungere da trampolino di lancio per il successo professionale, specialmente in un campo dove l'espressione creativa è fondamentale. La sua metamorfosi non è stata solo un cambiamento di abiti, ma una rivoluzione della sua presenza nel mondo del design.

Caso Studio 3: La Rinascita di Dany

Dany, una manager di successo nel settore delle tecnologie, aveva attraversato un periodo estremamente impegnativo. Dopo una lunga lotta contro problemi di salute che avevano portato a una significativa perdita di peso, si ritrovò a navigare in un mare di incertezze. Guardandosi allo specchio, non riusciva più a riconoscere la donna riflessa davanti a lei. I suoi vecchi abiti, un tempo simbolo di un'immagine professionale sicura e affermata, ora pendevano larghi e inadeguati, costanti ricordi di un capitolo difficile della sua vita.

La decisione di consultare un consulente d'immagine si rivelò il primo passo verso la sua trasformazione. Inizialmente, Dany era titubante, ma il consulente, con la sua combinazione di sensibilità e competenza professionale, presto guadagnò la sua fiducia. Insieme, intrapresero un viaggio di riscoperta di sé, che andava oltre la mera selezione di un nuovo guardaroba.

Il consulente lavorò attentamente con Dany per comprendere non solo le sue nuove esigenze fisiche, ma anche il suo desiderio di rinnovare la sua immagine personale e professionale. Fu un processo che richiese tempo e pazienza, ma che gradualmente portò alla luce una Dany rinnovata. Il consulente introdusse capi che non solo si adattavano alla sua nuova figura, ma che rispecchiavano anche la sua personalità vivace e dinamica: abiti sartoriali che enfatizzavano le linee del suo corpo, colori brillanti che rispecchiavano la sua energia, e accessori che aggiungevano un tocco di eleganza e modernità.

Man mano che il suo guardaroba si trasformava, anche la sua autostima iniziò a fiorire. Ogni nuovo outfit era un passo in avanti verso l'accettazione del suo corpo trasformato e un'affermazione della sua identità. Dany iniziò a sentirsi più sicura nelle sue interazioni quotidiane e nelle riunioni lavorative. La sua nuova immagine era una celebrazione della sua resilienza e forza, e le permetteva di presentarsi al mondo con rinnovata fiducia.

Questa trasformazione ebbe un effetto catartico sulla sua vita personale e professionale. Dany non solo ritrovò il suo posto nel mondo professionale con maggiore forza e determinazione, ma riscoprì anche il piacere di socializzare e di partecipare a eventi, cosa che aveva trascurato durante il suo periodo di malattia.

La storia di Dany è un potente esempio di come la riscoperta del proprio aspetto possa essere una parte cruciale del processo di guarigione e di crescita personale. Attraverso la collaborazione con il consulente d'immagine, Dany non solo cambiò il suo guardaroba, ma riconquistò un senso di sé che le era stato sfuggente. La sua rinascita attraverso l'immagine divenne un simbolo della sua nuova vita, ricca di speranza, gioia e una rinnovata fiducia in se stessa.

Questi casi studio riflettono scenari reali in cui l'intervento di un consulente d'immagine ha avuto un impatto significativo. Sottolineano come l'immagine personale sia profondamente intrecciata con la nostra autopercezione, la nostra carriera e il nostro benessere emotivo, e come un consulente esperto possa guidarci in un percorso di trasformazione e riscoperta di sé.

DOMANDE FREQUENTI: QUALI SONO LE PRINCIPALI RESPONSABILITÀ DI UN CONSULENTE D'IMMAGINE?

Le principali responsabilità di un consulente d'immagine spaziano in vari ambiti, tutti incentrati sull'ottimizzazione dell'immagine personale del cliente. Ecco alcune delle domande più frequenti che aiutano a delineare queste responsabilità:

Qual è il compito principale di un consulente d'immagine?

Il compito principale di un consulente d'immagine è aiutare i clienti a sviluppare e mantenere un'immagine personale che sia in linea con i loro obiettivi, sia essi professionali, sociali o personali. Questo include la scelta dell'abbigliamento, degli accessori, del grooming e persino del linguaggio corporeo e della postura.

Come fa un consulente d'immagine a personalizzare i servizi per ogni cliente?

I consulenti d'immagine conducono un'analisi approfondita delle esigenze, degli stili di vita, delle preferenze personali e degli obiettivi di ciascun cliente. Si basano su queste informazioni per creare consigli su misura che rispecchino l'identità unica del cliente.

I consulenti d'immagine si occupano solo di abbigliamento?

No, il loro lavoro va oltre l'abbigliamento. Si occupano anche di aspetti come il grooming, il trucco, la scelta degli accessori, e possono fornire consigli sul linguaggio corporeo e sulla comunicazione non verbale per assicurare una presentazione complessiva coesa e autentica.

Un consulente d'immagine può aiutare a migliorare la fiducia in sé?

Sì, lavorando sulla costruzione di un'immagine che rifletta in modo positivo e autentico la personalità del cliente, i consulenti d'immagine possono aiutare a migliorare la fiducia in sé e l'autostima.

Qual è il ruolo del consulente d'immagine in un cambio di carriera o in un avanzamento professionale?

In questi scenari, il consulente d'immagine aiuta il cliente a sviluppare un'immagine che sia in linea con i nuovi obiettivi professionali, assicurando che l'immagine esterna comunichi efficacemente le competenze e le qualità professionali del cliente.

I consulenti d'immagine seguono le tendenze della moda?

Mentre è importante che un consulente d'immagine sia aggiornato sulle tendenze della moda, il loro obiettivo principale è adattare queste tendenze alle esigenze e alla personalità uniche del cliente, piuttosto che aderire ciecamente alla moda del momento.

Queste domande frequenti riflettono l'ampio spettro di responsabilità che un consulente d'immagine deve gestire, evidenziando la complessità e la profondità del loro ruolo nel migliorare e trasformare l'immagine personale dei loro clienti.

MITI DA SFATARE: IL CONSULENTE D'IMMAGINE SERVE SOLO PER OCCASIONI SPECIALI

Nel mondo dell'immagine personale e dello stile, circola un mito diffuso che vorrebbe il consulente d'immagine come una figura da richiamare solo per occasioni speciali, come matrimoni, eventi di gala, o grandi presentazioni professionali. Questa credenza, tuttavia, riduce significativamente il ruolo e il valore che questi professionisti possono portare nella vita quotidiana di chiunque.

Il lavoro di un consulente d'immagine è profondamente radicato nell'arte di comprendere e valorizzare l'unicità di ogni individuo, indipendentemente dall'occasione. Questa figura professionale non si limita a preparare i clienti per i riflettori dei grandi eventi; il suo vero talento risplende nell'abilità di tessere l'immagine personale nella trama quotidiana della vita di una persona, rendendola un elemento costante e dinamico di espressione e autorealizzazione.

Un consulente d'immagine si immerge nella vita del cliente, esplorando non solo le sue preferenze stilistiche ma anche il suo stile di vita, la sua personalità, le sue aspirazioni e i suoi obiettivi. Questo processo permette al consulente di costruire un guardaroba che non sia semplicemente una raccolta di abiti alla moda, ma un vero e proprio arsenale di autoespressione.

Che si tratti di vestire per una giornata tipica in ufficio, un caffè con gli amici, un appuntamento romantico o un weekend rilassante, il consulente guida il cliente verso scelte che sono non solo esteticamente piacevoli, ma che raccontano anche una storia – la storia di chi è veramente quella persona. In questo modo, ogni capo selezionato diventa una dichiarazione di identità, una scelta che va oltre il vestire per impressionare gli altri, per diventare un modo di onorare se stessi.

L'approccio personalizzato e intimo del consulente d'immagine va ben oltre la selezione di capi di abbigliamento. Spesso, questo lavoro include la consulenza su come abbinare gli abiti con gli accessori giusti, come sperimentare con diversi stili per diverse occasioni, e come adattare l'immagine personale alle mutevoli circostanze della vita, come un cambiamento di carriera, una nuova fase della vita personale o persino un rinnovamento dopo una sfida di salute.

Questo processo di collaborazione continua tra il cliente e il consulente crea un legame che va oltre il professionale. Diventa una relazione basata sulla fiducia e sulla comprensione, dove il consulente agisce quasi come un narratore visivo, aiutando il cliente a raccontare la sua storia personale attraverso lo stile e l'immagine.

In definitiva, il lavoro del consulente d'immagine è una celebrazione dell'individualità in ogni aspetto della vita. Con un occhio attento ai dettagli e una comprensione profonda dell'essenza umana, questi professionisti trasformano l'atto di vestirsi in un'espressione di vita, facendo sì che ogni giorno sia un'opportunità per esprimere chi siamo veramente.

Nel tessuto multiforme dell'arte del consulente d'immagine, il loro tocco magistrale si estende oltre la semplice scelta di abbigliamento, infiltrandosi in ogni fibra dell'esistenza quotidiana del cliente. Questi professionisti, con un occhio attento e un'intuizione profonda, si dedicano a plasmare un'immagine complessiva che va oltre l'estetica superficiale. Il loro lavoro si intreccia con aspetti come il grooming e il trucco, trasformando queste routine quotidiane in atti di espressione personale che rivelano e celebrano l'unicità dell'individuo.

Ma il ruolo del consulente d'immagine non si ferma qui. La loro abilità si estende all'arte sottile del linguaggio corporeo e della postura, dove ogni gesto, ogni movimento diventa una parola in più nel vocabolario della loro espressione personale. Con una guida sapiente, aiutano i clienti a incarnare una fiducia che si radica non solo nel loro aspetto, ma nella loro stessa presenza – una sicurezza che permea ogni stanza in cui entrano, ogni incontro che hanno.

Questa trasformazione estetica, tuttavia, è bilanciata da un approccio attento alla sostenibilità e all'atemporalità. Lontano dall'essere trascinati dalla corrente effimera delle mode passeggere, i consulenti d'immagine guidano i loro clienti verso un guardaroba che non solo è elegante e raffinato, ma che resiste alla prova del tempo. Selezionano capi che non solo si adattano alle varie occasioni, ma che possono essere indossati e amati per anni, creando uno stile che è sia pratico che personale.

E in questi periodi di transizione – che si tratti di avanzamenti di carriera, cambiamenti nel fisico, o evoluzioni nello stile di vita – il consulente d'immagine diventa un faro di stabilità e di comprensione. Guidano i loro clienti attraverso questi mari agitati, assicurando che l'immagine che presentano al mondo rimanga fedele alla loro essenza in evoluzione. In questo processo, il consulente d'immagine è più di un semplice stilista o un esperto di moda; diventa un compagno nel viaggio del cliente, un custode della loro immagine che li aiuta a navigare con grazia e fiducia attraverso i cambiamenti della vita.

In sintesi, il consulente d'immagine incarna il ruolo di un architetto dell'identità personale, che lavora non solo con tessuti e colori, ma con i fili stessi dell'autostima e dell'espressione di sé. Il loro lavoro trasforma l'atto di vestirsi in un'espressione di vita, assicurando che ogni cliente non solo appaia al meglio, ma si senta al meglio, indipendentemente dal contesto o dall'occasione.

In conclusione, il consulente d'immagine non è un lusso riservato solo per occasioni straordinarie, ma un partner strategico nella costruzione di un'immagine personale che accompagni e valorizzi l'individuo in tutti gli aspetti della sua vita. La loro competenza e il loro tocco possono trasformare non solo come una persona appare, ma, più profondamente, come si sente e si muove nel mondo.

IL PERSONAL SHOPPER

Nel vivace e dinamico mondo della moda e dello stile personale, la figura del personal shopper emerge come una guida esperta e intuitiva, un professionista il cui ruolo va ben oltre la semplice scelta di abiti e accessori. Questo esperto di stile non si limita a un approccio superficiale alla moda; piuttosto, si immerge nelle profondità della personalità e delle esigenze individuali del cliente, fornendo un servizio che unisce competenza modaiole a un'acuta comprensione dell'individuo.

Un personal shopper, con la sua vasta conoscenza delle tendenze attuali, delle collezioni di stagione e dei luoghi migliori per lo shopping, si dedica alla ricerca di articoli che non solo siano alla moda, ma che siano perfettamente in linea con lo stile, le preferenze e il budget del cliente. Il loro lavoro non si ferma alla scelta di un capo di abbigliamento che stia bene; si tratta di un processo più complesso e maturo, che mira a creare un'esperienza di shopping su misura, efficiente e gratificante.

L'approccio del personal shopper è profondamente personalizzato. Si impegna a comprendere il cliente a un livello personale, esplorando il suo stile di vita, i suoi gusti personali e le sue aspirazioni. Questo lavoro si traduce in un percorso di shopping che è più di una semplice transazione; diventa una vera e propria esplorazione dello stile personale, dove ogni scelta è un passo verso l'affermazione di sé.

Oltre alla selezione di abiti per il guardaroba quotidiano o per eventi speciali, il personal shopper può anche intraprendere il rinnovamento dello stile di un cliente, guidandolo attraverso un cambiamento di immagine che possa riflettere una nuova fase della sua vita o un cambiamento nel suo percorso personale. Questo processo di trasformazione non solo è pratico, ma è anche un viaggio emotivo e di autoscoperta per il cliente.

In alcuni casi, il ruolo del personal shopper si estende oltre il mondo della moda. Può diventare un consulente di stile di vita, selezionando articoli per la casa, regali e organizzando esperienze che si allineino con gli interessi e le preferenze del cliente. In questa capacità, il personal shopper si trasforma in un curatore di esperienze, un esperto che aiuta il cliente a navigare in un mondo di scelte per trovare quelle che meglio rispecchiano la sua personalità e il suo stile di vita.

In conclusione, il personal shopper è molto più di un semplice assistente di shopping; è un artista del gusto personale, un maestro nella creazione di un'immagine che sia autentica e rappresentativa del cliente. Attraverso il suo lavoro, aiuta i clienti non solo a migliorare il loro guardaroba, ma anche a sviluppare una maggiore fiducia in se stessi e nelle loro scelte di stile, trasformando il modo in cui si presentano e si percepiscono nel mondo.

Spesso si tende a confondere le figure del personal shopper e del consulente d'immagine, considerandole quasi intercambiabili. Tuttavia, sebbene entrambi siano concentrati sull'immagine e lo stile personale, le loro funzioni, competenze e approcci sono distinti e complementari.

Personal Shopper: Il Maestro dello Shopping Personalizzato

Il personal shopper, un maestro indiscusso dello shopping personalizzato, incarna la figura del consulente di stile per eccellenza. La sua abilità non si limita alla semplice conoscenza delle tendenze modaiole; si estende a una profonda comprensione delle esigenze individuali, dei gusti personali e delle peculiarità del cliente. Questo professionista trasforma l'esperienza dello shopping da un'attività routinaria o talvolta stressante in un'avventura esclusiva e personalizzata, orientata alla scoperta di tesori nascosti nel vasto universo della moda.

Esperto Navigatore del Mondo della Moda

Il personal shopper sa muoversi con disinvoltura tra boutique esclusive, grandi magazzini e negozi online, destreggiandosi tra un'infinità di marche, collezioni e designer. La sua conoscenza non è superficiale; conosce la storia dietro ogni brand, la qualità dei materiali, la sartorialità di ogni capo, e soprattutto, sa riconoscere quei pezzi unici che possono arricchire il guardaroba del cliente in modo significativo.

Un Occhio per lo Stile Personale e le Esigenze Pratiche

La vera magia del personal shopper sta nella sua capacità di allineare le tendenze della moda con lo stile personale unico di ogni cliente. Lontano dallo spingere verso acquisti effimeri o poco pratici, questo professionista cerca di comprendere lo stile di vita, le preferenze e le esigenze pratiche del cliente, guidandolo verso scelte che non solo siano belle da vedere, ma che siano anche funzionali e versatili.

Oltre il Guardaroba: Un Consulente per lo Stile di Vita

Mentre il fulcro del lavoro del personal shopper è l'abbigliamento, il loro ruolo spesso va oltre. Possono consigliare su accessori, gioielli e persino su elementi che contribuiscono a un'immagine complessiva, come profumi o oggetti di design che rispecchiano lo stile e il gusto del cliente. La loro abilità nel cogliere e interpretare i desideri del cliente li rende consulenti di stile a tutto tondo.

Un Servizio Su Misura per Ogni Cliente

Il personal shopper è particolarmente prezioso per coloro che hanno ritmi di vita frenetici, impegni professionali costanti o per chi semplicemente desidera evitare la fatica e la confusione dello shopping tradizionale. Lavorando uno a uno con il cliente, questo professionista personalizza ogni esperienza di shopping, facendo risparmiare tempo prezioso e riducendo lo stress, assicurando allo stesso tempo che ogni acquisto sia ben ponderato e perfettamente in linea con le esigenze del cliente.

In conclusione, il personal shopper rappresenta una guida indispensabile nel mondo della moda e dello stile, un alleato che trasforma lo shopping in un'esperienza esclusiva, piacevole e soprattutto personalizzata. Attraverso il suo intervento, i clienti non solo migliorano il loro guardaroba, ma elevano anche la loro esperienza di stile, imparando a fare scelte di moda più consapevoli e in linea con la loro vera essenza.

Consulente d'Immagine: L'Architetto dell'Immagine Personale

Il consulente d'immagine, figura chiave nel panorama dello stile personale, opera con un approccio decisamente più olistico rispetto al personal shopper. Questo professionista non si limita a selezionare pezzi di abbigliamento che si adattino fisicamente e stilisticamente al cliente; la sua missione è quella di costruire, rifinire e migliorare l'intera immagine del cliente, trasformandola in un riflesso tangibile della sua personalità, dei suoi valori e delle sue aspirazioni.

Un Approccio Olistico all'Immagine Personale

Il consulente d'immagine va oltre la superficie, immergendosi nelle profondità della personalità del cliente. Questo significa comprendere non solo i gusti estetici, ma anche gli obiettivi di vita, le ambizioni professionali, e il modo in cui il cliente intende presentarsi al mondo. Questa analisi approfondita consente al consulente di sviluppare una strategia di immagine che sia in perfetta sintonia con la vita e gli obiettivi del cliente.

Lavoro su Aspetti Multidimensionali dell'Immagine

Oltre ai vestiti, il consulente d'immagine affina anche aspetti come grooming, trucco e acconciatura. Questi dettagli, sebbene possano sembrare minori, sono fondamentali nella creazione di un'immagine coerente e curata. Un taglio di capelli ben scelto, ad esempio, può trasformare l'aspetto di una persona, proprio come un trucco adeguato può esaltare i tratti distintivi e riflettere l'umore o l'occasione.

Postura e Linguaggio Corporeo: Componenti Chiave dell'Immagine

Un aspetto spesso trascurato, ma di fondamentale importanza nell'immagine personale, è la postura e il linguaggio corporeo. Il consulente d'immagine lavora con il cliente per sviluppare un portamento che trasmetta sicurezza e autorevolezza. Un linguaggio corporeo corretto non solo migliora l'aspetto fisico, ma influisce anche sulla percezione che gli altri hanno di noi.

Rafforzare l'Autostima Attraverso l'Immagine

Uno degli obiettivi principali del consulente d'immagine è rafforzare l'autostima del cliente. Avere un'immagine che rispecchi veramente chi siamo può avere un impatto significativo sulla nostra autopercezione e fiducia in noi stessi. Il consulente aiuta i clienti a sentirsi a proprio agio e sicuri nel loro aspetto, promuovendo un senso di benessere generale.

Comunicazione Efficace dell'Identità e dei Valori

In ultima analisi, il consulente d'immagine mira a creare un'immagine che comunichi efficacemente l'identità e i valori del cliente. In un mondo sempre più visivo, l'immagine che proiettiamo può comunicare molto prima che si pronunci una sola parola. Un'immagine ben curata e autentica può aprire porte e creare opportunità sia nella vita personale che professionale.

In sintesi, il consulente d'immagine è un artista e un comunicatore dell'immagine personale, un esperto che utilizza il suo sapere non solo per migliorare l'estetica, ma per trasformare l'immagine in un potente strumento di espressione personale e professionale. Attraverso il suo lavoro, il consulente d'immagine aiuta i clienti a navigare nel mondo con maggiore fiducia, eleganza e autenticità.

Differenze Chiave e Sinergie

Le differenze tra il personal shopper e il consulente d'immagine risiedono non solo nelle loro competenze specifiche, ma anche nel modo in cui si approcciano alla trasformazione dell'immagine personale del cliente. Mentre entrambi contribuiscono in modo significativo all'immagine e allo stile, i loro metodi e obiettivi tendono a differire, pur mostrando una certa intersezione e potenziale per la collaborazione.

Il Personal Shopper: Esperto dello Shopping Mirato

Il personal shopper, con la sua specializzazione nello shopping, si focalizza principalmente sull'aspetto più tangibile dell'immagine - il guardaroba. Questo professionista si impegna a trovare capi e accessori che non solo si adattino perfettamente allo stile e al corpo del cliente, ma che rispondano anche alle sue esigenze pratiche quotidiane. Si tratta di un approccio più immediato e concreto, spesso richiesto da clienti che hanno bisogno di aggiornare rapidamente il loro guardaroba o che cercano assistenza per acquisti specifici. Il personal shopper è dunque un alleato prezioso per chi cerca efficienza, risparmio di tempo e consigli mirati sullo shopping di moda.

Il Consulente d'Immagine: L'Architetto dell'Immagine Olistica

D'altra parte, il consulente d'immagine adotta un approccio olistico e a lungo termine. Il loro lavoro si estende oltre la scelta degli abiti, includendo aspetti come il grooming, il make-up, la postura, il linguaggio corporeo e persino l'etichetta sociale. Attraverso un processo che può durare settimane o mesi, il consulente d'immagine lavora a stretto contatto con il cliente per sviluppare e perfezionare un'immagine che comunichi in modo autentico la sua personalità e i suoi valori. Questo percorso spesso comporta un lavoro interiore, mirando a rafforzare l'autostima e la fiducia in sé attraverso una presentazione esteriore più coerente e rifinita.

Sinergie e Collaborazione

Nonostante le loro differenze, il personal shopper e il consulente d'immagine possono operare in sinergia. Ad esempio, un cliente che ha lavorato con un consulente d'immagine per definire la propria immagine e stile personali potrebbe successivamente rivolgersi a un personal shopper per implementare concretamente i consigli ricevuti, acquistando capi che si adattino perfettamente alla nuova immagine. Allo stesso modo, un cliente che inizia il suo percorso con un personal shopper potrebbe scoprire la necessità di un lavoro più approfondito sulla propria immagine e stile, rivolgendosi poi a un consulente d'immagine per un'analisi più olistica.

In conclusione, mentre il personal shopper e il consulente d'immagine hanno ruoli e approcci distinti nel mondo della moda e dell'immagine personale, entrambi giocano un ruolo cruciale nel guidare i clienti verso un'immagine che rifletta la loro vera essenza. La loro collaborazione può portare a una trasformazione completa dello stile e dell'immagine del cliente, combinando gli aspetti pratici e tangibili dello shopping con un approccio più profondo e riflessivo alla presentazione personale.

VALUTAZIONE DELLE ESIGENZE E GUSTI DEI CLIENTI

Nel processo di valorizzazione dell'immagine personale, sia il personal shopper sia il consulente d'immagine dedicano una particolare attenzione alla valutazione delle esigenze e dei gusti dei loro clienti. Questo aspetto è fondamentale per garantire che i servizi forniti non solo siano in linea con le aspettative del cliente, ma li aiutino anche a esprimere al meglio la loro personalità unica attraverso lo stile.

Comprensione Approfondita del Cliente

Il punto di partenza per entrambi i professionisti è una comprensione approfondita del cliente. Questo include una discussione dettagliata sulle preferenze di stile, gli interessi personali, lo stile di vita, le esigenze professionali e sociali, nonché sulle aspettative e gli obiettivi specifici del cliente in termini di immagine. Durante questo processo, si tiene conto di vari fattori, come l'età, il tipo di corpo, il colore della pelle e i capelli, per garantire che ogni suggerimento sia su misura per il cliente.

Analisi dello Stile e dei Gusti

Un aspetto cruciale di questo processo è l'analisi dello stile attuale del cliente e dei suoi gusti. Questo aiuta a determinare quali elementi del loro stile attuale funzionano bene e quali potrebbero essere migliorati. Il personal shopper o il consulente d'immagine può anche chiedere ai clienti di condividere immagini di stili che ammirano o aspirano a emulare, fornendo una base solida per raccomandazioni future.

Adattamento alle Esigenze Pratiche

Un altro aspetto importante è l'adattamento alle esigenze pratiche del cliente. Per esempio, un professionista che lavora in un ambiente aziendale avrà esigenze diverse da un artista freelance. Il consulente d'immagine o il personal shopper valuta questi aspetti per assicurare che il guardaroba e l'immagine complessiva siano non solo esteticamente piacevoli, ma anche pratici e funzionali per la vita quotidiana del cliente.

Feedback Continuo e Adattamento

La valutazione delle esigenze e dei gusti dei clienti è un processo continuo. Entrambe le figure professionali rimangono aperte al feedback dei loro clienti e sono pronte ad adattare i loro servizi alle mutevoli esigenze o preferenze. Questo approccio dinamico assicura che i clienti si sentano ascoltati e compresi, e che i servizi forniti rimangano rilevanti e gratificanti nel tempo.

In sintesi, la valutazione delle esigenze e dei gusti dei clienti è una pietra angolare del lavoro sia del personal shopper sia del consulente d'immagine. Attraverso un'attenta analisi e un ascolto attento, questi professionisti sono in grado di creare soluzioni di stile personalizzate che non solo migliorano l'immagine esterna del cliente, ma rispecchiano e valorizzano anche la loro identità interna.

DOMANDE FREQUENTI: QUALI SERVIZI OFFRE UN PERSONAL SHOPPER?

Il personal shopper, come professionista specializzato nel campo della moda e dello shopping, offre una varietà di servizi che vanno ben oltre la semplice scelta di abbigliamento. La sua competenza si estende a diverse aree, tutte volte a ottimizzare l'esperienza di shopping e lo stile del cliente. Ecco alcune domande frequenti che delineano i servizi tipicamente offerti da un personal shopper:

Cosa fa esattamente un personal shopper?

Un personal shopper aiuta i clienti a scegliere e acquistare abbigliamento e accessori. Il loro servizio include la selezione di capi che si adattano allo stile, alle esigenze e al budget del cliente, fornendo consigli su colori, tagli e tendenze della moda.

Posso utilizzare un personal shopper per occasioni speciali?

Assolutamente. Molti clienti si rivolgono a personal shopper per trovare l'abbigliamento giusto per eventi speciali come matrimoni, feste formali o interviste di lavoro. Il personal shopper assicura che il cliente sia vestito in modo appropriato e con stile per l'occasione.

Un personal shopper può aiutarmi a rinnovare il mio guardaroba?

Sì, uno dei servizi principali offerti da un personal shopper è l'aiuto nel rinnovamento del guardaroba. Questo può includere la valutazione dell'abbigliamento esistente del cliente e la raccomandazione di nuovi capi per aggiornare e ravvivare il loro stile.

I personal shopper offrono consulenze di stile?

Molti personal shopper offrono consulenze di stile dove discutono le preferenze del cliente, analizzano il loro tipo di corpo e forniscono consigli su come vestire per valorizzare al meglio la loro figura.

È possibile utilizzare un personal shopper per lo shopping online?

Sì, con l'aumento dello shopping online, molti personal shopper offrono servizi di consulenza virtuale. Possono consigliare articoli online, organizzare ordini e persino assistere nella gestione dei resi.

Un personal shopper può accompagnarmi durante lo shopping?

Certamente. Alcuni personal shopper offrono servizi personali di accompagnamento durante lo shopping, selezionando negozi che si adattano al gusto e al budget del cliente e fornendo consigli in tempo reale.

I personal shopper lavorano solo con clienti ricchi e famosi?

No, questo è un mito comune. I personal shopper sono accessibili a una vasta gamma di clienti, indipendentemente dal loro budget. Molti offrono pacchetti e servizi flessibili adattati alle esigenze finanziarie di ciascuno.

Possono aiutarmi a trovare offerte e sconti?

Sì, uno dei vantaggi di utilizzare un personal shopper è la loro capacità di trovare le migliori offerte e sconti. Grazie alla loro conoscenza del settore e dei negozi, possono aiutare i clienti a ottenere il massimo valore per i loro acquisti.

In sintesi, i servizi offerti da un personal shopper sono vari e personalizzati per soddisfare le esigenze di stile, budget e vita quotidiana del cliente. Da una semplice consulenza di stile a un completo rinnovamento del guardaroba, il personal shopper è una risorsa inestimabile per chiunque desideri migliorare la propria esperienza di shopping e il proprio stile personale.

MITI DA SFATARE: UN PERSONAL SHOPPER È SOLO PER I RICCHI E FAMOSI

Contrariamente al mito popolare, l'idea che un personal shopper sia una figura di lusso, riservata esclusivamente ai ricchi e famosi, è notevolmente fuorviante. Questa concezione si radica spesso nell'immagine di un mondo della moda elitario e inaccessibile, ma in realtà, il servizio di personal shopper è molto più democratico e ampio di quanto si tenda a pensare. Nella realtà quotidiana, questi professionisti della moda offrono i loro servizi a una clientela variegata, non limitata da status sociale o conti in banca stratosferici.

Il personal shopper, in effetti, si rivolge a chiunque desideri un aggiornamento del proprio stile, un supporto nello shopping o una guida per navigare attraverso le mutevoli tendenze della moda. Questo servizio è particolarmente prezioso per coloro che hanno impegni quotidiani che lasciano poco spazio per lo shopping, come professionisti con orari di lavoro intensi, genitori occupati o individui che semplicemente non trovano piacere nel vagare tra i negozi. L'assistenza di un personal shopper può trasformare un'esperienza potenzialmente stressante e dispendiosa in un processo efficiente, piacevole e mirato.

Inoltre, l'idea che i personal shopper promuovano solo acquisti di lusso è un altro fraintendimento. Molti di questi professionisti sono esperti nel trovare offerte, articoli di qualità a prezzi accessibili e nel costruire guardaroba versatili che massimizzano l'investimento del cliente. Il loro obiettivo è spesso quello di creare un guardaroba sostenibile e atemporale, che trascenda le mode passeggere e fornisca valore duraturo, indipendentemente dal budget.

L'avanzare della tecnologia e la popolarità dello shopping online hanno ulteriormente aperto le porte a un più ampio accesso ai servizi di personal shopping. Con consulenze virtuali e shopping online, i personal shopper sono ora in grado di raggiungere una clientela più ampia, offrendo consigli personalizzati senza la necessità di incontri faccia a faccia o di budget esorbitanti.

Un personal shopper, quindi, non è solo un lusso per pochi eletti, ma un partner accessibile nella creazione e nel mantenimento di uno stile personale che rifletta la personalità e le esigenze di un individuo. Questi professionisti offrono un valore che va oltre il semplice acquisto di abbigliamento: forniscono una guida per l'autoespressione attraverso la moda, rendendo questo servizio prezioso e rilevante per una vasta gamma di persone. In questo modo, il personal shopper democratizza lo stile, rendendolo una gioia e una possibilità per tutti, non solo per un esclusivo circolo di elite.

LA COMUNICAZIONE NON VERBALE

La comunicazione non verbale è un aspetto fondamentale dell'espressione umana, che svolge un ruolo cruciale nel modo in cui interagiamo con gli altri e nel modo in cui veniamo percepiti. Essa comprende una vasta gamma di segnali e comportamenti che vanno oltre le parole, tra cui il linguaggio corporeo, l'espressione facciale, il contatto visivo, la postura, il gesto e persino l'abbigliamento e l'aspetto fisico.

Linguaggio Corporeo e Postura

La postura e il linguaggio corporeo sono forse gli elementi più immediatamente riconoscibili della comunicazione non verbale. Una postura eretta e aperta può trasmettere sicurezza e apertura, mentre una postura chiusa o incurvata può suggerire insicurezza o difensività. I gesti, come il modo in cui muoviamo le mani mentre parliamo o come manteniamo la distanza dagli altri, comunicano anch'essi messaggi sottili riguardo le nostre intenzioni, i nostri sentimenti e le nostre reazioni.

Espressioni Facciali e Contatto Visivo

Le espressioni facciali sono un altro componente chiave della comunicazione non verbale, rivelando emozioni e reazioni spesso più onestamente delle parole. Il sorriso, il corrugare la fronte, l'arrossire, tutti trasmettono informazioni significative. Il contatto visivo, in particolare, è essenziale nella comunicazione umana; può indicare interesse, attenzione, fiducia o, al contrario, disagio e incertezza.

Abbigliamento e Aspetto Fisico

L'abbigliamento e l'aspetto fisico, sebbene spesso trascurati, sono potenti strumenti di comunicazione non verbale. Il modo in cui scegliamo di presentarci attraverso il nostro stile, il nostro abbigliamento e il nostro grooming può influenzare notevolmente la percezione che gli altri hanno di noi. Questi elementi possono riflettere la nostra personalità, il nostro status, il nostro gruppo sociale e persino le nostre aspirazioni.

Importanza nella Vita Sociale e Professionale

Nella vita sociale e professionale, la comprensione e il controllo efficace della comunicazione non verbale sono essenziali. Ad esempio, in un colloquio di lavoro o in un incontro d'affari, una corretta comunicazione non verbale può rafforzare il messaggio verbale e creare un'impressione di competenza e affidabilità. Allo stesso modo, nella vita personale, essere consapevoli dei segnali non verbali può migliorare le relazioni e l'interazione sociale.

Apprendimento e Adattamento

La comunicazione non verbale non è sempre intuitiva; può variare notevolmente tra diverse culture e ambienti sociali. Pertanto, è importante imparare a interpretare e adattare il proprio comportamento non verbale in base al contesto. Questo include essere consapevoli dei propri segnali non verbali e comprendere come possano essere interpretati dagli altri.

In conclusione, la comunicazione non verbale è un aspetto intricato e potente della comunicazione umana. Essa gioca un ruolo fondamentale nel modo in cui esprimiamo noi stessi, interpretiamo gli altri e costruiamo relazioni. La sua padronanza può migliorare notevolmente sia le nostre interazioni personali che quelle professionali, rendendoci comunicatori più efficaci e consapevoli.

INFLUENZA DELL'ABBIGLIAMENTO NELLA COMUNICAZIONE

L'abbigliamento, spesso percepito semplicemente come una necessità o una forma di espressione personale, riveste in realtà un ruolo fondamentale nella comunicazione non verbale. La scelta di cosa indossare ogni giorno è ben più di una decisione estetica; è una forma silenziosa, ma estremamente eloquente, di comunicazione che può influenzare profondamente come ci percepiamo e come veniamo percepiti dagli altri.

Quando selezioniamo un abito, stiamo inconsciamente selezionando un linguaggio attraverso cui trasmettiamo messaggi al mondo esterno. Ogni capo di abbigliamento, dalla sua colorazione al suo stile, dalla sua formalità alla sua originalità, comunica un insieme di informazioni su chi siamo, sul nostro status sociale, sulle nostre preferenze e persino sul nostro umore. In contesti professionali, per esempio, un abbigliamento formale e curato può comunicare professionalità, affidabilità e rispetto per la situazione e per gli interlocutori. In contesti più casuali, l'abbigliamento può esprimere la nostra personalità, le nostre passioni e il nostro approccio alla vita.

Allo stesso modo, l'abbigliamento può funzionare come un'estensione della nostra identità personale. In molti casi, ciò che scegliamo di indossare diventa parte integrante del modo in cui esprimiamo la nostra individualità e unicità. La moda, in questo senso, diventa uno strumento attraverso cui possiamo esprimere la nostra creatività, il nostro stato d'animo, i nostri valori e le nostre aspirazioni. Ad esempio, indossare abiti che riflettono le ultime tendenze può comunicare un interesse per la modernità e l'attualità, mentre scegliere abiti vintage o eclettici può esprimere un apprezzamento per l'individualità e la diversità.

Tuttavia, l'abbigliamento può anche essere fonte di

incomprensioni o pregiudizi. Le prime impressioni, spesso basate sull'aspetto esteriore, possono portare a supposizioni sulla personalità, sulle capacità o sul background di una persona. Questo aspetto sottolinea l'importanza di scegliere l'abbigliamento in modo consapevole, tenendo conto del messaggio che desideriamo trasmettere e del contesto in cui ci troviamo.

Inoltre, l'abbigliamento può influenzare non solo come veniamo percepiti dagli altri, ma anche come ci percepiamo noi stessi. Il fenomeno noto come "enclothed cognition" suggerisce che gli abiti che indossiamo possono avere un impatto sul nostro stato psicologico e sulle nostre prestazioni. Per esempio, indossare abiti che consideriamo professionali e appropriati può aumentare la nostra fiducia in situazioni lavorative, mentre indossare abiti comodi e rilassati può aiutarci a sentirsi più a nostro agio in contesti casuali.

In conclusione, l'abbigliamento è un potente strumento di comunicazione non verbale che va ben oltre la pura funzionalità o estetica. È un mezzo attraverso cui raccontiamo la nostra storia, esprimiamo la nostra personalità e navigiamo nelle varie sfere sociali della nostra vita. Comprendere e utilizzare consapevolmente il potere dell'abbigliamento nella comunicazione può arricchire le nostre interazioni sociali, migliorare la nostra autopercezione e permetterci di esprimere in modo più completo chi siamo.

ESEMPI PRATICI E CONSIGLI

L'abbigliamento come strumento di comunicazione non verbale offre infinite possibilità per esprimere la propria identità e influenzare la percezione altrui. Ecco alcuni esempi pratici e consigli su come sfruttare al meglio il potere dell'abbigliamento nella vita quotidiana:

In Ambito Professionale: In un contesto lavorativo, indossare abiti che si allineano alla cultura aziendale e che riflettono professionalità può contribuire a creare una buona prima impressione. Ad esempio, per un colloquio di lavoro, optare per un abito sartoriale o un tailleur può trasmettere serietà e attenzione al dettaglio. Anche in ambienti di lavoro meno formali, scegliere abiti puliti, ordinati e che riflettano un certo grado di professionalità può aiutare a stabilire autorità e competenza.

Nella Vita Sociale: Per eventi sociali come cene o incontri informali, l'abbigliamento può essere utilizzato per esprimere la propria personalità. Ad esempio, un abito colorato o un accessorio unico possono essere ottimi modi per mostrare il proprio stile personale e stimolare conversazioni. È importante, tuttavia, considerare il contesto e l'ambiente dell'evento per evitare di apparire eccessivamente casual o formale.

In Occasioni Speciali: Per eventi come matrimoni, feste o cerimonie, l'abbigliamento gioca un ruolo cruciale nel rispettare il protocollo e l'etichetta dell'evento. Informarsi in anticipo sul codice di abbigliamento e scegliere un outfit appropriato dimostra rispetto per l'occasione e per gli altri partecipanti.

Per Rafforzare l'Autostima: L'abbigliamento può influenzare significativamente la nostra autostima e fiducia in noi stessi. Vestire capi che ci fanno sentire a nostro agio, che valorizzano la nostra figura e che riflettono il nostro stile personale può aumentare la fiducia e il benessere generale. Un esercizio utile può essere quello di indossare un capo che normalmente si considera "troppo audace" o "fuori dalla propria zona di comfort" per sperimentare come ciò influisce sul proprio stato d'animo.

Adattabilità ai Cambiamenti del Corpo: L'abbigliamento può anche essere adattato per valorizzare i cambiamenti nel corpo, come la perdita o l'aumento di peso. Scegliere abiti che si adattino bene al proprio corpo attuale, piuttosto che cercare di adattarsi a capi vecchi, può contribuire a migliorare l'immagine corporea e la soddisfazione personale.

Conservare un Guardaroba Versatile: Avere un guardaroba versatile, composto da pezzi di base facilmente abbinabili, può semplificare la scelta del vestiario quotidiano e assicurare di avere sempre qualcosa di adatto da indossare per ogni occasione. Investire in capi di qualità e atemporali piuttosto che seguire ciecamente le tendenze della moda può portare a uno stile più personale e duraturo.

In sintesi, l'abbigliamento è molto più di un semplice coprire il corpo; è una forma di espressione personale e un potente strumento di comunicazione non verbale. Utilizzarlo in modo consapevole e intenzionale può apportare benefici sia nella vita professionale che sociale, migliorando la percezione altrui e rafforzando la fiducia in sé stessi.

DOMANDE FREQUENTI: IN CHE MODO L'ABBIGLIAMENTO PUÒ MIGLIORARE LA COMUNICAZIONE NON VERBALE?

L'abbigliamento, come aspetto significativo della comunicazione non verbale, può migliorarla in diversi modi. Ecco alcune domande frequenti che esplorano come l'abbigliamento influenzi questa forma di comunicazione:

Come può l'abbigliamento influenzare la prima impressione?

L'abbigliamento è spesso uno dei primi dettagli che gli altri notano. Vestire in modo appropriato e curato può creare una prima impressione positiva, trasmettendo professionalità, fiducia e attenzione ai dettagli. Questo è particolarmente importante in contesti come colloqui di lavoro o incontri d'affari.

L'abbigliamento può riflettere la personalità?

Assolutamente. I capi che scegliamo di indossare possono esprimere aspetti della nostra personalità, come creatività, praticità, attenzione alla moda o preferenza per la comodità. Attraverso l'abbigliamento, possiamo comunicare chi siamo senza bisogno di parole.

Può l'abbigliamento influenzare la fiducia in se stessi?

Sì, ciò che indossiamo può avere un notevole impatto sulla nostra autostima e fiducia. Vestire abiti in cui ci sentiamo a nostro agio e che consideriamo lusinghieri può aumentare la nostra sicurezza, che a sua volta migliora il nostro linguaggio corporeo e la nostra presenza complessiva.

In che modo l'abbigliamento può comunicare il rispetto?

Scegliere l'abbigliamento appropriato per un'occasione specifica mostra rispetto per gli eventi e le persone coinvolte. Ad esempio, indossare abiti formali per un evento importante o aderire al codice di abbigliamento di un'azienda dimostra che ci si impegna a onorare le convenzioni sociali o professionali.

L'abbigliamento può influenzare l'autorità percepita?

Indossare abiti che sono associati a professionalità e potere, come un abito ben tagliato o un tailleur elegante, può aumentare l'autorità percepita. Questo può essere particolarmente utile in ambienti di lavoro o in situazioni dove è importante stabilire la propria credibilità.

È possibile utilizzare l'abbigliamento per adattarsi a diversi contesti culturali?

Assolutamente. Essere consapevoli delle norme culturali relative all'abbigliamento e adattare il proprio stile di conseguenza può facilitare la comunicazione e l'interazione in diversi contesti culturali. Mostra rispetto e sensibilità alle tradizioni e ai costumi altrui.

In sintesi, l'abbigliamento è uno strumento potente di comunicazione non verbale che può migliorare significativamente come veniamo percepiti e come ci percepiamo. La scelta consapevole di abiti e accessori può rafforzare la nostra comunicazione in molti contesti, influenzando positivamente la prima impressione, la fiducia, il rispetto, l'autorità percepita e l'adattabilità culturale.

MITI DA SFATARE: LA COMUNICAZIONE NON VERBALE È MENO IMPORTANTE DELLE PAROLE

Contrariamente a un mito piuttosto diffuso, la comunicazione non verbale è spesso altrettanto, se non più importante, delle parole che usiamo. La nostra società tende a dare grande importanza al linguaggio verbale, alle parole scelte e al modo in cui vengono pronunciate. Tuttavia, la comunicazione non verbale – che include il linguaggio del corpo, le espressioni facciali, il contatto visivo, la postura, e persino l'abbigliamento – trasmette un'abbondanza di informazioni che possono rivelarsi cruciali nella comprensione del messaggio complessivo.

Le ricerche nel campo della comunicazione suggeriscono che una grande percentuale della comunicazione tra individui avviene a un livello non verbale. Questo significa che, anche quando non parliamo, stiamo costantemente comunicando attraverso i nostri comportamenti, la nostra postura, le nostre espressioni e la nostra presenza fisica.

Per esempio, consideriamo l'impatto della postura: una persona che sta dritta e mantiene un contatto visivo durante una conversazione può trasmettere fiducia e apertura, mentre un'incapacità di mantenere il contatto visivo o una postura chiusa possono suggerire insicurezza, disinteresse o addirittura ostilità. Questi segnali non verbali possono modulare o addirittura contraddire il messaggio verbale, influenzando in modo significativo la percezione dell'interlocutore.

Analogamente, le espressioni facciali possono comunicare una vasta gamma di emozioni e reazioni, talvolta più onestamente delle parole stesse. Un sorriso genuino può trasmettere calore e accoglienza, mentre un'espressione contrariata o preoccupata può far sorgere dubbi sulla sincerità di ciò che viene detto verbalmente.

Inoltre, l'abbigliamento e l'aspetto fisico giocano un ruolo fondamentale nella comunicazione non verbale. La scelta dei vestiti, il modo in cui sono indossati, la pulizia e l'ordine dell'abbigliamento possono trasmettere messaggi relativi alla personalità, allo status sociale, alla professionalità e persino all'umore di una persona.

La comunicazione non verbale è quindi un aspetto essenziale dell'interazione umana. La sua comprensione e il suo corretto utilizzo possono migliorare notevolmente la qualità della nostra comunicazione, permettendoci di trasmettere i nostri messaggi in modo più efficace e di interpretare in modo più accurato quelli degli altri. Sfatare il mito che la comunica non verbale sia meno importante delle parole è fondamentale per una piena comprensione e padronanza delle dinamiche comunicative.

IL MERCATO DELLA MODA E LA PSICOLOGIA D'ACQUISTO

Il mercato della moda e la psicologia dell'acquisto sono intimamente intrecciati, creando un affascinante paesaggio dove psicologia, economia e cultura si fondono. Nell'esplorare questo ambito, ci si imbatte in un complesso gioco di desideri, percezioni e strategie che influenzano sia i consumatori che i creatori di moda.

Alla base del mercato della moda, troviamo la psicologia dell'acquisto, un campo che studia come e perché i consumatori scelgono determinati prodotti di moda. Questa scelta non è solo una questione di necessità o di preferenza estetica, ma è profondamente radicata in complessi processi psicologici. I consumatori sono influenzati da una varietà di fattori: dall'identità personale alla ricerca di appartenenza a un gruppo, dall'espressione di status e ricchezza al desiderio di distinguersi dagli altri.

Le tendenze della moda, per esempio, sono un potente esempio di come la psicologia dell'acquisto operi nel mercato. Le tendenze possono nascere come espressione di un bisogno collettivo di novità o come risposta a cambiamenti culturali o sociali. Una volta che una tendenza guadagna popolarità, innesca un fenomeno di conformismo sociale, dove i consumatori acquistano certi prodotti per sentirsi parte di un gruppo o per essere percepiti come al passo con i tempi.

Allo stesso tempo, la moda funge da strumento di autoespressione. Gli individui scelgono determinati stili per comunicare aspetti della loro personalità o per trasmettere messaggi specifici. Questo aspetto della psicologia dell'acquisto evidenzia il desiderio di unicità e individualità che può spesso coesistere con la tendenza al conformismo.

Inoltre, la psicologia dietro le decisioni di acquisto di moda è influenzata da fattori come il marketing e la pubblicità. Le campagne pubblicitarie che evocano emozioni, aspirazioni e ideali possono avere un impatto significativo sulle decisioni di acquisto. Le strategie di marketing che sfruttano celebrità, influencer o narrazioni convincenti possono creare un forte desiderio per certi prodotti o marche, spingendo i consumatori verso scelte specifiche.

Il ruolo dei social media nel mercato della moda è un altro aspetto rilevante della psicologia dell'acquisto. Piattaforme come Instagram e TikTok hanno trasformato il modo in cui i consumatori interagiscono con la moda, offrendo accesso immediato alle ultime tendenze e influenzando le decisioni di acquisto attraverso la condivisione di immagini e video.

Infine, la sostenibilità sta diventando un fattore sempre più importante nelle decisioni di acquisto di moda. I consumatori, sempre più consapevoli dell'impatto ambientale e sociale della moda, stanno iniziando a preferire marchi che adottano pratiche sostenibili. Questo cambiamento riflette una crescente consapevolezza sociale e ambientale e sta modificando il panorama del mercato della moda.

In sintesi, il mercato della moda è un ecosistema complesso dove la psicologia dell'acquisto gioca un ruolo cruciale. La comprensione di questi meccanismi psicologici non solo è essenziale per i marchi e i designer che cercano di comprendere e influenzare i comportamenti dei consumatori, ma offre anche agli stessi consumatori una maggiore consapevolezza delle forze che influenzano le loro scelte di moda.

TENDENZE ATTUALI E ANALISI DEL MERCATO

Nell'analizzare le tendenze attuali del mercato della moda, si assiste a un panorama ricco e sfaccettato, caratterizzato da un continuo flusso di nuove idee, influenze culturali e risposte ai cambiamenti sociali. Questo dinamismo rende il settore della moda non solo un terreno fertile per l'innovazione stilistica, ma anche uno specchio che riflette le trasformazioni e le aspirazioni della società.

Al centro di questo vivace scenario, troviamo una tendenza sempre più marcata verso la sostenibilità e la consapevolezza etica nel consumo di moda. Questa inclinazione non è più un sottofondo discreto nel discorso sulla moda, ma è diventata una forza dominante che sta ridisegnando il paesaggio del settore. L'aumento della consapevolezza ambientale e la crescente preoccupazione per le implicazioni etiche della produzione di moda stanno spingendo sia i consumatori che i marchi a riconsiderare le loro scelte e pratiche.

I consumatori, sempre più informati grazie all'accesso facilitato all'informazione, stanno diventando attori chiave in questo cambiamento. La loro richiesta di trasparenza, di responsabilità ambientale e di equità nel processo produttivo sta influenzando profondamente il modo in cui i marchi approcciano la produzione di moda. Questo spostamento di focus si manifesta in diversi modi: dall'aumento della produzione di capi con materiali riciclati o sostenibili, all'adozione di processi produttivi che riducono l'impatto ambientale, fino al ripensamento dei cicli di vita dei prodotti di moda.

La sostenibilità, in questo contesto, non è più vista come un'opzione o una scelta di nicchia, ma come un imperativo strategico che sta guidando l'innovazione nel settore. Grandi marchi e case di moda stanno integrando principi di sostenibilità nelle loro collezioni, non solo per rispondere alle richieste del mercato, ma anche per posizionarsi come leader responsabili in un'industria in trasformazione. Ciò si riflette nell'adozione di materiali ecologici, nella promozione di pratiche di consumo consapevole e nella ricerca di soluzioni per ridurre gli sprechi in tutte le fasi della catena del valore della moda.

Inoltre, questa spinta verso la sostenibilità sta influenzando anche la percezione e il valore dei prodotti di moda. I consumatori stanno iniziando a valutare gli articoli non solo in base al loro aspetto estetico o al marchio, ma anche in base al loro impatto ambientale e sociale. Questo cambiamento sta portando a una nuova valutazione del lusso, dove la qualità, l'etica e la sostenibilità sono diventati parametri tanto importanti quanto lo stile e il design.

In conclusione, la tendenza attuale verso la sostenibilità e la consapevolezza etica nel mercato della moda rappresenta una risposta vitale ai cambiamenti socio-culturali del nostro tempo. Questa evoluzione sta modellando non solo l'aspetto del settore della moda, ma anche il suo nucleo etico e la sua relazione con la società e l'ambiente. In questo contesto dinamico, la moda diventa un mezzo per esprimere non solo stile personale, ma anche valori e principi, segnando un passo significativo verso un futuro più responsabile e consapevole.

La digitalizzazione del settore della moda rappresenta una delle trasformazioni più significative e incisive degli ultimi anni. Con l'ascesa dello shopping online, particolarmente accelerata dalle circostanze imposte dalla pandemia globale, si è verificato un cambiamento radicale nelle abitudini di acquisto. Questo spostamento verso il digitale ha portato i marchi di moda a rivedere e innovare le loro strategie, adattandosi rapidamente a un panorama sempre più connesso e tecnologicamente avanzato.

Nel cuore di questa evoluzione digitale, troviamo un approccio al marketing della moda sempre più sofisticato e tecnologicamente orientato. I marchi stanno esplorando e implementando soluzioni come la realtà aumentata per offrire esperienze di shopping virtuali immersive, consentendo ai clienti di provare virtualmente abiti e accessori in un ambiente digitale. Queste tecnologie non solo arricchiscono l'esperienza di shopping online, ma aprono anche nuove possibilità per l'interazione e l'engagement del cliente.

I social media hanno giocato un ruolo fondamentale in questa transizione digitale. Piattaforme come Instagram, TikTok e Pinterest sono diventate vere e proprie vetrine digitali, dove i marchi non solo presentano i loro prodotti, ma creano e diffondono tendenze. La potenza di influencer e celebrità nel modellare le percezioni e nelle decisioni di acquisto dei consumatori è ineguagliabile. Attraverso post, storie, e collaborazioni influencer-brand, le tendenze di moda emergono e si diffondono a una velocità senza precedenti.

Parallelamente a questa digitalizzazione, assistiamo a un fenomeno interessante nel mondo della moda: l'intreccio di nostalgia e innovazione. Un'ondata di nostalgia ha portato al ritorno di stili vintage dagli anni '90 e 2000, rivisitati con un tocco contemporaneo. Questo revival non è solo un omaggio al passato, ma anche un'esplorazione creativa di come gli elementi retrò possano essere fusi con le tendenze contemporanee per creare qualcosa di unico e attuale.

Allo stesso tempo, il settore sta spingendo i confini dell'innovazione. Designer e marchi esplorano nuovi materiali, sperimentano con tagli audaci e forme non convenzionali, sfidando e ridefinendo le convenzioni tradizionali della moda. Questo desiderio di innovazione è alimentato sia dalla tecnologia che dalla creatività, portando alla nascita di stili che sono tanto futuristici quanto radicati nella tradizione della moda.

In sintesi, il panorama attuale della moda è un affascinante mix di digitalizzazione e innovazione stilistica. Da un lato, la tecnologia sta trasformando il modo in cui i consumatori interagiscono con la moda e prendono le loro decisioni di acquisto. Dall'altro, un rinnovato interesse per i trend del passato e un coraggioso esplorare di nuove frontiere stilistiche stanno guidando la direzione creativa del settore. In questo contesto dinamico, la moda non è solo un fenomeno commerciale, ma anche un campo espressivo in continua evoluzione, un luogo dove passato, presente e futuro si incontrano e si fondono in modi sempre nuovi e sorprendenti.

In un mondo dove l'unicità e l'autenticità sono sempre più valorizzate, la personalizzazione emerge come una tendenza chiave nel mercato della moda. I consumatori moderni sono alla ricerca di prodotti che non solo soddisfino le loro esigenze funzionali, ma che riflettano anche la loro individualità e il loro stile personale. Questa spinta verso la personalizzazione sta guidando una graduale, ma definitiva, deviazione dalle produzioni di massa verso quelle artigianali o su misura, un cambiamento che testimonia la crescente domanda di unicità e originalità.

In questo contesto, l'abbigliamento personalizzato sta guadagnando terreno, con un numero sempre maggiore di marchi che offrono opzioni su misura o semi-su misura. Questi servizi permettono ai clienti di scegliere tessuti, tagli, colori e dettagli, creando capi che si adattano perfettamente al loro corpo e al loro stile. Ma la personalizzazione va oltre l'abbigliamento; sta toccando anche accessori, calzature e prodotti di bellezza. Questa tendenza si riflette nella crescente popolarità di gioielli personalizzabili, scarpe su misura e cosmetici che possono essere adattati alle specifiche esigenze della pelle di un individuo.

Parallelamente, assistiamo a un'interessante intersezione tra tecnologia e design nel settore della moda. L'innovazione tecnologica sta spingendo i confini del possibile nel design di moda, introducendo tessuti high-tech e tecniche di produzione all'avanguardia. Questi sviluppi non solo stanno rivoluzionando il modo in cui i capi vengono creati, ma stanno anche trasformando la loro distribuzione e vendita.

L'uso della tecnologia digitale, ad esempio, sta permettendo ai marchi di offrire esperienze di personalizzazione online, dove i clienti possono progettare virtualmente i loro capi e visualizzarne il risultato finale prima della produzione. La stampa 3D e altre tecnologie emergenti stanno aprendo nuove possibilità nella realizzazione di capi e accessori su misura, riducendo i tempi di produzione e aumentando la precisione.

Anche i materiali stanno subendo un'evoluzione, con lo sviluppo di tessuti innovativi che offrono caratteristiche migliorative come la sostenibilità, la durata e persino la funzionalità tecnologica integrata. Questi avanzamenti stanno portando a un nuovo tipo di moda, dove funzionalità, stile e personalizzazione si fondono in modi unici e entusiasmanti.

La personalizzazione nel mercato della moda è un riflesso della crescente domanda di prodotti che non solo siano belli ed eleganti, ma che raccontino anche la storia personale e unica di chi li indossa. L'intersezione tra tecnologia e design sta amplificando questa tendenza, spingendo il settore verso un futuro dove la moda è non solo personalizzata, ma anche tecnologicamente avanzata e profondamente connessa con l'identità e il lifestyle dei consumatori.

In sintesi, il mercato della moda attuale è caratterizzato da un'interessante interazione tra sostenibilità, tecnologia, personalizzazione e reinterpretazione stilistica. Questi elementi, combinati con le mutate esigenze e aspettative dei consumatori, stanno plasmando un settore in rapida evoluzione, dove la capacità di adattarsi e innovare è fondamentale per il successo nel mercato globale della moda.

INFLUENZA DELLA PSICOLOGIA SULLE DECISIONI DI ACQUISTO

La psicologia ha un impatto profondo e sfaccettato sulle decisioni di acquisto, influenzando il comportamento dei consumatori in modi che vanno ben oltre la semplice valutazione dei prodotti in base alla qualità o al prezzo. Questo campo complesso intreccia elementi di emozione, percezione, motivazione e cognizione per spiegare perché le persone scelgono determinati prodotti o marche e come le loro esperienze e il loro ambiente influenzino tali scelte.

Un elemento fondamentale nella psicologia delle decisioni di acquisto è l'emozione. Le scelte dei consumatori sono spesso guidate da sentimenti e reazioni emotive, a volte più che da un'analisi razionale. Ad esempio, il desiderio di appartenenza o il bisogno di esprimere la propria identità possono spingere verso l'acquisto di specifici marchi o prodotti. Marchi che riescono a creare un forte legame emotivo con i consumatori attraverso storie coinvolgenti, immagini evocative o valori condivisi tendono ad avere un maggiore impatto sulle decisioni di acquisto.

La percezione del consumatore è un altro aspetto critico. Questa comprende non solo come viene percepito il prodotto stesso, ma anche l'immagine del marchio, la presentazione del prodotto e l'ambiente in cui viene venduto. La presentazione visiva, l'odore, la musica e l'atmosfera di un negozio, ad esempio, possono influenzare fortemente come i consumatori percepiscono i prodotti e, di conseguenza, le loro decisioni di acquisto.

La motivazione gioca un ruolo cruciale nelle decisioni di acquisto. Le persone acquistano prodotti per una varietà di motivi, che vanno dal soddisfare bisogni di base, come il cibo e l'abbigliamento, a bisogni più complessi, come il riconoscimento sociale o l'autorealizzazione. Comprendere quali motivazioni guidano i consumatori verso determinati prodotti può aiutare i marchi a posizionarsi in modo più efficace e a sviluppare strategie di marketing mirate.

Un altro aspetto importante è il processo cognitivo che sta dietro alle decisioni di acquisto. I consumatori elaborano attivamente informazioni relative ai prodotti, confrontano alternative e valutano i rischi e i benefici. Questo processo può essere influenzato da una varietà di fattori, come la conoscenza pregressa del prodotto, le opinioni di amici e familiari o le recensioni online.

Infine, l'influenza sociale e culturale non può essere sottovalutata. Le decisioni di acquisto sono spesso influenzate da tendenze sociali, gruppi di pari, norme culturali e persino fenomeni di massa. Le persone possono essere influenzate da ciò che vedono indossare alle celebrità, da ciò che è popolare nei loro gruppi sociali o da ciò che è considerato culturalmente desiderabile.

In conclusione, la psicologia delle decisioni di acquisto è un campo vasto che incorpora una serie di processi emotivi, percettivi, motivazionali e cognitivi. Comprendere questi aspetti può offrire intuizioni preziose sul perché i consumatori agiscono come fanno, permettendo ai marchi di sviluppare strategie più efficaci e ai consumatori di prendere decisioni più consapevoli.

DOMANDE FREQUENTI: COME CAMBIANO LE TENDENZE DELLA MODA?

Le tendenze della moda sono in continuo cambiamento, evolvendo e adattandosi in risposta a una serie di influenze culturali, sociali ed economiche. Questa fluidità delle tendenze suscita spesso domande su come e perché cambiano. Ecco alcune domande frequenti che esplorano la natura mutevole delle tendenze della moda:

Cosa determina il cambiamento nelle tendenze della moda?

Le tendenze della moda cambiano in risposta a una varietà di fattori. Questi possono includere influenze culturali, come film, musica, arte e letteratura, cambiamenti sociali ed economici, innovazioni tecnologiche e persino eventi globali come una pandemia. Anche le figure influenti, come celebrità, stilisti e influencer dei social media, svolgono un ruolo significativo nel plasmare e cambiare le tendenze.

Quanto spesso cambiano le tendenze della moda?

Le tendenze della moda possono cambiare con frequenza variabile. Alcune tendenze possono durare per diverse stagioni o addirittura anni, mentre altre possono essere fugaci, durando solo pochi mesi. L'industria della moda, in particolare il fast fashion, ha accelerato il ciclo delle tendenze, portando a cambiamenti più rapidi e frequenti.

Come influiscono i social media sulle tendenze della moda?

I social media hanno rivoluzionato il modo in cui le tendenze della moda si diffondono e vengono adottate. Piattaforme come

Instagram e TikTok permettono ai trend di raggiungere rapidamente un pubblico globale, con influencer e creatori di contenuti che spesso fungono da catalizzatori per nuove tendenze. Questi canali permettono anche un maggiore coinvolgimento e interazione dei consumatori con la moda.

Le tendenze della moda sono prevedibili?

Prevedere le tendenze della moda può essere complesso a causa della loro natura mutevole e della varietà di fattori che influenzano il settore. Tuttavia, gli esperti di moda e i trend forecaster utilizzano una combinazione di analisi dei dati, osservazione delle tendenze culturali e intuizione per prevedere le direzioni future della moda.

Le tendenze del passato ritornano?

Sì, spesso le tendenze della moda sono cicliche, con stili popolari del passato che ritornano in voga in una forma rinnovata. Questo fenomeno, noto come "retro fashion", vede stili di decenni precedenti, come gli anni '70, '80 o '90, essere reinterpretati e aggiornati per il gusto contemporaneo.

Chi determina le nuove tendenze della moda?

Le nuove tendenze della moda sono spesso stabilite da una combinazione di designer influenti, case di moda, figure del mondo dello spettacolo e influencer dei social media. Le settimane della moda, le fiere del settore e gli eventi di lancio di nuove collezioni sono momenti chiave in cui vengono presentate nuove tendenze.

In sintesi, le tendenze della moda sono il risultato di un complesso intreccio di influenze culturali, sociali ed economiche, così come delle innovazioni nel campo della moda e del design. La loro natura in continua evoluzione riflette il dinamismo dell'espressione umana e le mutevoli preferenze dei consumatori.

MITI DA SFATARE: LE TENDENZE DELLA MODA SONO LE STESSE IN TUTTO IL MONDO

Il mito che le tendenze della moda siano uniformi in tutto il mondo si scontra con la ricca varietà e diversità che caratterizza il panorama della moda globale. Se è vero che la globalizzazione e la connettività digitale hanno contribuito a diffondere certe tendenze su scala mondiale, è altrettanto vero che l'interpretazione e l'adozione di queste tendenze variano significativamente in base a molteplici fattori culturali, sociali e geografici.

La moda, per sua natura, è un'espressione della cultura. Le tradizioni, i valori e le norme sociali di ogni paese o regione influenzano profondamente le scelte di stile e le preferenze di moda. Per esempio, in alcuni paesi asiatici, l'abbigliamento può essere fortemente influenzato dai principi estetici tradizionali e dalla cultura popolare contemporanea, risultando in uno stile che mescola elementi tradizionali e moderni in modo unico. Al contrario, in molte città occidentali, la moda può essere più orientata verso l'espressione individuale e l'avanguardia stilistica.

Inoltre, la moda in differenti parti del mondo risponde anche a esigenze pratiche come il clima. In paesi con stagioni fredde e invernali prolungate, l'abbigliamento invernale, come i cappotti pesanti e i maglioni di lana, domina le tendenze della moda. In contrasto, in regioni tropicali o equatoriali, la moda tende a concentrarsi su abbigliamento leggero, traspirante e colorato, adatto a un clima caldo e umido.

Un altro aspetto importante è l'accessibilità e la disponibilità di determinati prodotti. Le tendenze popolari in aree urbane e metropolitane con un facile accesso a una vasta gamma di marchi e negozi possono non essere altrettanto presenti in aree più remote o in paesi con un accesso limitato a questi marchi. Ciò può portare allo sviluppo di scene di moda locali uniche, dove stili indigeni e preferenze locali prendono il sopravvento.

I social media e la moda digitale hanno avuto un impatto notevole nella diffusione delle tendenze, ma anche in questo ambito esiste una grande varietà. Mentre alcune piattaforme globali come Instagram e Pinterest possono promuovere tendenze ampiamente accettate, ci sono anche influencer e comunità online che rappresentano e promuovono stili specifici di nicchia o regionali, creando micro-tendenze che possono essere altrettanto influenti nei loro contesti specifici.

In definitiva, le tendenze della moda, pur potendo raggiungere una diffusione globale, sono lontane dall'essere uniformi in tutto il mondo. La moda è un tessuto complesso di espressioni culturali, esigenze pratiche, influenze ambientali e creatività individuale. Questa diversità non solo arricchisce il mondo della moda, ma offre anche una finestra sulle sfumature culturali e sociali che caratterizzano diverse regioni del mondo.

Le differenze culturali sono un elemento fondamentale nel modellare il paesaggio delle tendenze della moda a livello globale. Ogni cultura porta con sé un insieme unico di estetica, valori e storia che si riflette nelle preferenze di moda. In Asia, ad esempio, potremmo trovare una maggiore inclinazione verso stili che fondono elementi tradizionali con modernità, dando vita a un'estetica unica che può essere molto diversa da ciò che è popolare in Europa o Nord America. In questi ultimi, la moda può tendere più verso l'individualismo e la sperimentazione, riflettendo un diverso contesto culturale e sociale.

Le palette di colori, i tessuti e i modelli utilizzati in una regione possono anche essere influenzati da fattori culturali. Per esempio, in alcuni paesi asiatici, i colori vivaci e i motivi intricati possono essere molto più predominanti rispetto ai toni più sobri e ai disegni minimalisti che si potrebbero trovare in alcune parti dell'Europa. Queste scelte non sono solo una questione di gusto, ma spesso hanno radici profonde nella storia culturale e nell'arte di una regione.

Oltre alle differenze culturali, il clima e le condizioni meteorologiche giocano un ruolo significativo nel plasmare le tendenze della moda. In paesi con inverni freddi e rigidi, ad esempio, la moda invernale può essere caratterizzata da capi pesanti, strati e tessuti isolanti. Al contrario, in paesi con climi più caldi, la moda tende a concentrarsi su tessuti leggeri, design areati e abbigliamento comodo che si adatta a temperature elevate. Questa diversità non solo influisce su ciò che è pratico e confortevole, ma anche su ciò che viene percepito come alla moda o appropriato in un determinato contesto climatico.

I marchi di moda, quindi, devono considerare attentamente queste variazioni quando creano e distribuiscono le loro collezioni in diverse regioni del mondo. Una collezione che ha successo in un paese potrebbe non essere altrettanto popolare in un altro a causa di differenze nei gusti culturali, nel clima o in altre preferenze locali. Questo richiede un approccio attento e su misura alla moda, che tenga conto delle diverse esigenze e desideri dei consumatori in tutto il mondo.

In conclusione, le tendenze della moda sono influenzate da una serie complessa di fattori che includono differenze culturali, climatiche e sociali. Comprendere e rispettare queste differenze è essenziale per i marchi che desiderano avere un impatto globale e per gli appassionati di moda che cercano di apprezzare la ricchezza e la varietà del paesaggio della moda mondiale.

Anche le pratiche e le norme sociali hanno un impatto significativo sulle tendenze della moda. In alcune culture, la modestia nel vestire è una considerazione importante, che influenzerà il tipo di abbigliamento che diventa popolare. In altre, ci può essere una maggiore enfasi sull'espressione individuale e sulla sperimentazione con stili audaci.

In sintesi, mentre l'industria della moda ha una portata globale, è importante riconoscere che le tendenze della moda non sono uniformi in tutto il mondo. La moda è profondamente influenzata da una varietà di fattori culturali, sociali, economici e ambientali, che portano a una diversità di stili e preferenze in diverse regioni. Riconoscere questa diversità è fondamentale per comprendere appieno la complessità e la ricchezza del mondo della moda.

IL COLORE E L'ANALISI PERSONALIZZATA

L'armocromia, un concetto fondamentale nell'ambito dell'analisi personalizzata del colore, gioca un ruolo cruciale nel mondo della moda e dello stile personale. Questa disciplina si concentra sulla teoria che ogni persona ha una palette di colori che si armonizza perfettamente con le sue caratteristiche fisiche uniche, come il tono della pelle, il colore degli occhi e dei capelli. L'obiettivo dell'armocromia è identificare questa gamma di colori, assicurando che ciò che indossiamo esalti al meglio il nostro aspetto naturale.

Integrare l'armocromia nella professione di consulente di immagine o personal shopper significa fornire un servizio più accurato e personalizzato. Attraverso l'analisi delle caratteristiche individuali di un cliente, il professionista può consigliare abbigliamento, accessori, trucco e persino tinte per capelli che si armonizzino con la palette naturale del cliente. Questo approccio non solo migliora l'aspetto estetico, ma contribuisce anche a creare un senso di armonia e coerenza nell'immagine del cliente.

L'armocromia si basa sulla classificazione delle persone in diverse "stagioni", a seconda delle loro caratteristiche. Ad esempio, una persona con un sottotono della pelle caldo e capelli dorati potrebbe essere classificata come "autunno", implicando che sta meglio con colori caldi e terrosi. Al contrario, qualcuno con un sottotono della pelle freddo e capelli neri potrebbe essere un "inverno", adatto a colori vivaci e freddi.

Oltre a scegliere i giusti colori, l'armocromia considera anche l'impatto emotivo e psicologico dei colori. Diversi colori evocano diverse reazioni ed emozioni, sia in chi li indossa sia in chi li osserva. Con una comprensione approfondita di questi principi, i professionisti della moda possono guidare i loro clienti nella scelta di abiti per occasioni specifiche, dove l'effetto psicologico del colore è altrettanto importante quanto l'aspetto estetico.

Incorporare l'armocromia nel lavoro di un professionista della moda non è solo una questione di abbinare i colori giusti; è un modo per aiutare i clienti a esprimere la loro personalità e migliorare la loro immagine e autostima. Indossare colori che si armonizzano con le proprie caratteristiche naturali può migliorare significativamente l'apparenza estetica di una persona e influenzare positivamente la fiducia in sé stessi. In questo modo, l'armocromia diventa un elemento fondamentale nel creare un'immagine personale che sia non solo esteticamente piacevole, ma anche profondamente in sintonia con l'individuo.

Vi do qualche informazione più dettagliata sull'armocromia. Si tratta di una teoria del colore applicata all'immagine personale che si basa sull'idea, come ho già detto in precedenza, che ogni individuo possa essere associato a una specifica "stagione" in base alle caratteristiche cromatiche naturali della sua pelle, dei suoi occhi e dei suoi capelli. Questa teoria si concentra sulla determinazione dei colori che più si addicono a una persona, con l'obiettivo di esaltare la sua bellezza naturale. Ecco una spiegazione più dettagliata:

Principi Fondamentali dell'Armocromia:

L'armocromia si basa su due aspetti principali del colore: la temperatura (calda o fredda) e l'intensità (chiara o scura, vivace o spenta). Questi due fattori aiutano a determinare quali colori stanno meglio su una persona. La teoria si basa sull'idea che le persone hanno un sottotono della pelle che può essere freddo, neutro o caldo e che questo sottotono influenzi quali colori appaiono più armoniosi su di loro.

Le Quattro Stagioni dell'Armocromia:

Tradizionalmente, l'armocromia classifica le persone in quattro gruppi, ognuno associato a una "stagione": Primavera, Estate, Autunno e Inverno. Ogni stagione è caratterizzata da una gamma specifica di colori:

- **Primavera**: Persone con caratteristiche luminose e calde. I colori ideali sono vivaci, luminosi e caldi, come il corallo, il crema e l'oro.

- **Estate**: Caratteristiche soft e fredde. I colori consigliati sono freddi, leggermente smorzati, come il blu navy soft, il rosa pallido o il lavanda.

- **Autunno**: Caratteristiche ricche e calde. Colori ideali includono tonalità terrose e saturate, come l'arancione bruciato, il verde oliva e il marrone dorato.

- **Inverno**: Persone con caratteristiche intense e fredde. I colori invernali sono freddi e vivaci o molto scuri, come il nero, il bianco brillante e il rosso ciliegia.

Come Funziona un'Analisi dell'Armocromia:

Un'analisi professionale dell'armocromia di solito si svolge con l'assistenza di un consulente di immagine o un esperto di colore. Durante la sessione, vengono utilizzate diverse tonalità di tessuti per osservare come i vari colori interagiscono con il colore naturale della pelle, degli occhi e dei capelli del cliente. L'obiettivo è identificare la stagione del cliente e, di conseguenza, la sua palette ideale di colori.

Applicazione dell'Armocromia:

Una volta determinata la stagione di una persona, l'armocromia può essere utilizzata per scegliere non solo abbigliamento e accessori, ma anche trucco, colori dei capelli e gioielli. L'idea è di creare un aspetto coerente e armonioso che valorizzi la bellezza naturale dell'individuo.

In conclusione, l'armocromia è uno strumento potente per migliorare l'immagine personale. Comprendere e utilizzare i colori che si armonizzano naturalmente con le proprie caratteristiche fisiche può aumentare significativamente l'impatto visivo e la fiducia in se stessi. Questo approccio alla moda e allo stile personale consente di fare scelte più informate e personalizzate, sottolineando la bellezza unica di ogni individuo.

IMPORTANTA DEL COLORE NELL'ABBIGLIAMENTO

Il colore nell'abbigliamento svolge un ruolo fondamentale, non solo nell'ambito della moda, ma anche nella comunicazione non verbale e nell'espressione personale. La scelta dei colori nei nostri abiti può influenzare profondamente come ci percepiamo e come siamo percepiti dagli altri. Ecco un'esplorazione più approfondita dell'importanza del colore nell'abbigliamento:

Comunicazione Non Verbale:

Il colore, in quanto elemento fondamentale della comunicazione non verbale, esercita un'influenza notevole su come interagiamo e siamo percepiti nel contesto sociale. Ogni tonalità porta con sé una ricchezza di significati e associazioni culturali, influenzando non solo la percezione di noi stessi ma anche quella degli altri nei nostri confronti. Il modo in cui scegliamo e combiniamo i colori nel nostro abbigliamento può, quindi, comunicare sottili messaggi sulla nostra personalità, il nostro stato d'animo e persino le nostre intenzioni.

Consideriamo il rosso, un colore che cattura immediatamente l'attenzione. Spesso associato alla passione, all'energia e anche al pericolo, il rosso può essere utilizzato per fare una dichiarazione audace. Un abito rosso o una cravatta rossa possono non solo attirare lo sguardo ma anche trasmettere un senso di sicurezza e di audacia. Il blu, d'altra parte, è generalmente legato alla tranquillità, alla stabilità e all'affidabilità. Indossare il blu può comunicare fiducia e professionalità, rendendolo una scelta popolare negli ambienti di lavoro.

Il nero, eterno e classico, è spesso associato all'eleganza e al potere. Un outfit nero può trasmettere sofisticazione e autorità, ma anche mistero. Allo stesso tempo, è importante considerare che il nero può anche evocare emozioni di tristezza o negatività in certi contesti culturali, dimostrando come la percezione dei colori possa variare in base al background culturale.

I colori possono anche influenzare la dinamica delle interazioni sociali. Ad esempio, colori vivaci come l'arancione o il giallo possono trasmettere un senso di ottimismo e apertura, potenzialmente rendendo l'individuo più accessibile e amichevole agli occhi degli altri. D'altra parte, colori più tenui o neutri possono comunicare un approccio più riservato o professionale.

Inoltre, la scelta del colore può riflettere o influenzare lo stato emotivo. Indossare colori che ci fanno sentire a nostro agio può migliorare la fiducia in se stessi e, di conseguenza, il modo in cui interagiamo con gli altri. Al contrario, indossare un colore che non si adatta al nostro stato d'animo o alla nostra personalità può creare dissonanza, influenzando negativamente la nostra autopercezione e interazione con gli altri.

In definitiva, il colore nell'abbigliamento è uno strumento potente di comunicazione non verbale, con la capacità di influenzare la percezione e l'interazione. La consapevolezza di come i colori possano comunicare sottili messaggi può migliorare significativamente il modo in cui ci presentiamo e interagiamo con il mondo intorno a noi, rendendo la scelta dei colori non solo una questione di stile personale, ma anche un aspetto importante dell'espressione e della comunicazione non verbale.

Effetto Psicologico:

L'effetto psicologico dei colori nell'abbigliamento è un aspetto profondamente radicato nell'esperienza umana, influenzando non solo come ci vediamo ma anche come ci sentiamo. La scelta dei colori che indossiamo ogni giorno può essere un potente mezzo per influenzare il nostro umore e la nostra autopercezione, avendo così ripercussioni dirette sul nostro benessere emotivo e sulla nostra sicurezza.

Quando indossiamo colori che amiamo e che sentiamo ci stiano particolarmente bene, ciò può funzionare come un vero e proprio potenziatore di fiducia. Come una sorta di armatura personale, i colori giusti possono darci quella spinta in più necessaria per affrontare la giornata con maggiore sicurezza. Ad esempio, un outfit in un colore che ci fa sentire radiosi e vivaci può effettivamente aumentare il nostro senso di energia e ottimismo. Questo fenomeno, noto come "enclothed cognition", sottolinea come il nostro abbigliamento possa influenzare il nostro stato mentale e persino il nostro comportamento.

D'altro canto, indossare colori che non si adattano al nostro stato d'animo o che sentiamo non ci rappresentino adeguatamente può creare una sorta di dissonanza. Se il colore di un indumento ci fa sentire a disagio o inadeguati, ciò può riflettersi in un calo della fiducia in noi stessi e in un senso generale di malcontento. Ad esempio, indossare un colore che ci è stato imposto dalle tendenze della moda ma che non rispecchia la nostra personalità può farci sentire come se stessimo indossando un costume piuttosto che un'espressione del nostro vero io.

Inoltre, i colori possono giocare un ruolo significativo nel riflettere o addirittura alterare il nostro stato d'animo. Tonalità calde e vivaci possono iniettare un senso di allegria e vitalità, mentre colori più freddi e sobri possono indurre un senso di calma e professionalità. Questa capacità dei colori di evocare specifiche emozioni può essere utilizzata strategicamente nel nostro abbigliamento per influenzare il modo in cui vogliamo sentirci in determinate situazioni.

Questa comprensione dell'effetto psicologico dei colori offre una prospettiva preziosa quando si tratta di scegliere il nostro abbigliamento. Non si tratta solo di selezionare colori che ci piacciono esteticamente, ma di scegliere quelli che risuonano con il nostro umore interiore, la nostra personalità e le nostre esigenze emotive. Sfruttare consapevolmente il potere dei colori può quindi diventare un modo efficace per migliorare la nostra vita quotidiana, aumentando la fiducia in noi stessi e il nostro benessere emotivo attraverso le scelte che facciamo nel nostro guardaroba.

Risalto delle Caratteristiche Fisiche:

Il ruolo dei colori nell'abbigliamento nel valorizzare le caratteristiche fisiche è un aspetto fondamentale che va ben oltre la mera estetica. La scelta giusta dei colori può avere un effetto notevolmente positivo sul modo in cui le nostre caratteristiche naturali vengono percepite, esaltando la bellezza unica di ogni individuo.

Quando si tratta di risaltare caratteristiche come il colore degli occhi, i capelli o il tono della pelle, l'uso strategico del colore può fare una grande differenza. Ad esempio, indossare una tonalità che contrasta con il colore degli occhi può farli spiccare in modo sorprendente. Una persona con occhi verdi, per esempio, potrebbe indossare un capo di colore viola o rosso per far risaltare il verde. Allo stesso modo, colori che si trovano sul lato opposto del cerchio cromatico rispetto al colore degli occhi possono creare un contrasto che attira l'attenzione sugli occhi.

Per quanto riguarda il tono della pelle, i colori giusti possono renderla più luminosa e vitale, mentre quelli sbagliati possono farla apparire spenta o poco naturale. Persone con sottotoni caldi della pelle possono trovarsi bene con colori anch'essi caldi, come il rosso, l'arancione o il giallo, che enfatizzano la calore della loro pelle. Al contrario, colori freddi come il blu, il verde o il viola possono essere particolarmente lusinghieri per chi ha sottotoni freddi della pelle.

Anche il colore dei capelli gioca un ruolo importante nella scelta dei colori dell'abbigliamento. Ad esempio, i capelli biondi possono essere esaltati da colori scuri che creano un forte contrasto, mentre i capelli scuri possono essere valorizzati da colori chiari o vivaci che illuminano il viso.

Inoltre, la scelta dei colori può anche aiutare a bilanciare o valorizzare determinate parti del corpo. Colori scuri e neutri possono essere utilizzati per minimizzare aree che si preferisce non enfatizzare, mentre colori brillanti e pattern possono essere usati per attirare l'attenzione su aree del corpo che si desidera evidenziare.

In definitiva, l'uso intelligente e consapevole dei colori nell'abbigliamento può trasformarsi in uno strumento potente per esaltare le caratteristiche fisiche uniche di una persona. Capire quali colori funzionano meglio con le nostre caratteristiche naturali non solo ci aiuta a sembrare al meglio, ma anche a sentirsi più sicuri e a proprio agio nel nostro aspetto.

Adattabilità e Versatilità:

L'adattabilità e la versatilità dei colori nell'abbigliamento sono aspetti essenziali nella creazione di un guardaroba funzionale e espressivo. La scelta dei colori giusti può notevolmente influenzare quanto facilmente i capi possono essere combinati tra loro, offrendo una gamma più ampia di opzioni stilistiche e massimizzando l'utilizzo di ogni singolo pezzo.

I colori neutri, come il nero, il bianco, il grigio e il beige, sono elementi chiave per un guardaroba versatile. Questi colori fungono da base solida per innumerevoli combinazioni e sono particolarmente utili per creare outfit che si adattano a diverse occasioni. La loro neutralità li rende facilmente abbinabili con qualsiasi altro colore, permettendo di mescolare e abbinare pezzi diversi senza il timore di scontri cromatici. Per esempio, un paio di pantaloni neri o una gonna beige possono essere facilmente combinati con camicie, maglioni o giacche di qualsiasi colore, rendendo questi capi estremamente funzionali e indispensabili.

Allo stesso tempo, l'introduzione di colori vivaci o insoliti nel guardaroba può essere un modo eccellente per aggiungere un tocco personale e distinguersi. Colori come il rosso intenso, il blu cobalto o il verde smeraldo possono trasformare un outfit da semplice a straordinario, aggiungendo vitalità e dimostrando una personalità audace e sicura. Questi colori possono essere utilizzati come accenti in un outfit altrimenti neutro o combinati in maniera più audace per creare un look veramente unico e personale.

Tuttavia, è importante considerare l'equilibrio e l'armonia complessiva quando si gioca con colori vivaci o inusuali. Mentre possono aggiungere dinamismo a un outfit, un uso eccessivo o la combinazione di molti colori vivaci possono risultare eccessivi o disarmonici. Il trucco sta nel trovare il giusto equilibrio tra l'espressione personale e la coerenza estetica.

Inoltre, l'uso strategico dei colori può aiutare a creare l'illusione di un guardaroba più ampio. Variando gli accessori colorati, come sciarpe, gioielli o borse, si possono creare outfit diversi partendo dalla stessa base neutra. Questo approccio non solo è economico, ma anche sostenibile, poiché riduce la necessità di possedere un gran numero di capi diversi.

In conclusione, la scelta dei colori nel proprio guardaroba è un aspetto fondamentale dell'adattabilità e della versatilità dello stile personale. Mentre i colori neutri offrono una base solida e facilmente abbinabile, i colori vivaci e insoliti possono infondere energia e originalità. Comprendere e sperimentare con questi due aspetti del colore può notevolmente ampliare le opzioni stilistiche disponibili e aiutare a creare un guardaroba che sia sia pratico sia espressione della propria individualità.

Stagionalità e Occasione:

La stagionalità e l'adeguatezza all'occasione sono aspetti cruciali nella scelta dei colori nell'abbigliamento, riflettendo non solo le tendenze correnti ma anche la capacità di adattarsi ai diversi contesti sociali e ambientali. La selezione dei colori in base alla stagione o all'evento specifico può arricchire notevolmente l'esperienza di vestirsi, rendendo l'abbigliamento non solo un'espressione di stile personale ma anche un riflesso della consapevolezza e della sensibilità alle circostanze.

Durante le diverse stagioni, i colori che scegliamo di indossare spesso rispecchiano i cambiamenti nell'ambiente naturale e nel nostro stato d'animo. In primavera e estate, i colori tendono a diventare più vivaci e leggeri, riflettendo la luminosità e l'energia di questi periodi dell'anno. Tonalità come il giallo limone, l'azzurro cielo o il corallo possono evocare la vivacità della natura in fiore e l'atmosfera spensierata delle giornate estive. Questi colori non solo aggiungono un tocco di allegria al guardaroba, ma possono anche influenzare positivamente l'umore, portando un senso di gioia e leggerezza.

Al contrario, in autunno e inverno, la palette di colori tende a spostarsi verso toni più scuri e profondi. Colori come il bordeaux, il verde foresta o il blu navy possono evocare la ricchezza e il calore necessari in questi mesi più freddi. Queste tonalità non solo sono pratiche per le stagioni fredde, ma aggiungono anche un senso di eleganza e profondità all'abbigliamento.

Oltre alla stagionalità, i colori svolgono un ruolo fondamentale nell'adeguatezza all'occasione. In contesti formali, come incontri di lavoro, cerimonie o eventi eleganti, colori neutri o scuri come il nero, il grigio antracite o il blu scuro sono spesso scelte sicure che trasmettono professionalità ed eleganza. Questi colori sono versatili e possono essere facilmente abbinati per creare un aspetto raffinato e composto.

Per occasioni meno formali o per il tempo libero, c'è maggiore libertà nella scelta dei colori. Qui, si può sperimentare con tonalità più audaci o giocare con combinazioni di colori per riflettere uno stile personale più rilassato e creativo. L'uso di colori vivaci o insoliti può essere un modo per esprimere la propria personalità e distinguersi in un contesto informale.

In sintesi, la considerazione della stagionalità e dell'occasione nella scelta dei colori per l'abbigliamento non solo assicura che si sia vestiti in modo appropriato, ma permette anche di sperimentare e giocare con diverse palette cromatiche. Questo approccio consente di creare outfit che non solo sono esteticamente piacevoli, ma che rispecchiano anche una consapevolezza del contesto e della situazione, arricchendo l'esperienza di esprimersi attraverso il proprio stile.

Espressione di Identità e Cultura:

Il colore nell'abbigliamento è un potente veicolo di espressione di identità e cultura, che va ben oltre la semplice preferenza estetica. La scelta dei colori che indossiamo può essere una dichiarazione personale profonda, un riflesso della nostra personalità, dei nostri valori, delle nostre radici culturali e delle nostre esperienze di vita. Questa dimensione dell'abbigliamento colorato ci permette di comunicare aspetti del nostro io interiore senza bisogno di parole, stabilendo un collegamento diretto tra chi siamo e come scegliamo di presentarci al mondo.

Per molte persone, i colori scelti per l'abbigliamento possono essere un modo per esprimere la propria individualità e unicità. Colori vivaci e audaci possono essere il segno di una personalità estroversa e creativa, mentre tonalità più sobrie e neutre possono indicare una natura più introspettiva o minimalista. Ad esempio, qualcuno che si identifica con la tranquillità e l'armonia potrebbe prediligere tonalità pastello, mentre un individuo che ama esprimere energia e passione potrebbe optare per tonalità più forti e decise.

Oltre all'espressione personale, il colore nell'abbigliamento può anche fungere da potente simbolo culturale. In molte culture, specifici colori hanno significati profondamente radicati e possono essere usati per celebrare tradizioni, festività o riti di passaggio. Questi colori possono fungere da legami con il patrimonio culturale, ricordando e onorando le radici e le storie di una comunità. Per esempio, il rosso in molte culture asiatiche è considerato un colore di buon auspicio e viene spesso indossato durante le celebrazioni, mentre in alcune culture africane, specifici schemi di colori e stampe possono indicare l'appartenenza a un particolare gruppo etnico o regionale.

Inoltre, i colori possono essere utilizzati per fare dichiarazioni politiche o sociali. Ad esempio, l'adozione di specifici colori in determinate occasioni, come il nero per protestare o il rosa per sostenere questioni di genere, può essere un modo per esprimere solidarietà o supporto a una causa.

Dunque il colore nell'abbigliamento è un mezzo espressivo ricco e complesso che permette alle persone di comunicare chi sono, da dove vengono e ciò in cui credono. Questa espressione cromatica dell'identità e della cultura arricchisce non solo il guardaroba di un individuo, ma contribuisce anche a tessere il tessuto più ampio della diversità e dell'espressione umana. Attraverso la scelta dei colori, possiamo celebrare la nostra individualità, onorare le nostre radici culturali e comunicare le nostre convinzioni, contribuendo a una rappresentazione più colorata e variegata del mondo in cui viviamo.

In conclusione, il colore nell'abbigliamento è molto più di una semplice scelta estetica; è un mezzo espressivo che ha il potere di influenzare la percezione, l'espressione personale e persino l'interazione sociale. La consapevolezza e la considerazione attenta nella scelta dei colori possono quindi arricchire notevolmente l'esperienza di vestirsi e aiutare a creare un'immagine che sia autentica e rispecchi la personalità individuale.

CONCETTI E APPLICAZIONI DELL'ANALISI DEL COLORE

L'analisi del colore è un metodo utilizzato per determinare i colori che meglio si adattano a una persona, basandosi sulle sue caratteristiche fisiche uniche e sul suo stile personale. Questo approccio non si limita semplicemente a identificare i colori preferiti di un individuo, ma considera come specifiche tonalità possano valorizzare o diminuire la naturale bellezza di una persona. Ecco un'esplorazione più approfondita dei concetti e delle applicazioni dell'analisi del colore:

Concetti Fondamentali dell'Analisi del Colore:

L'analisi del colore si basa su principi di armonia e contrasto. Si considerano elementi come il tono della pelle (caldo o freddo), il colore degli occhi e dei capelli per determinare quali palette di colori si armonizzano meglio con le caratteristiche naturali di una persona. Questo processo aiuta a identificare i colori che migliorano l'aspetto generale, rendendo la pelle più luminosa, gli occhi più brillanti e i capelli più vivaci.

Metodologia dell'Analisi del Colore:

L'analisi del colore spesso implica l'uso di drappeggi colorati o tessuti in diverse tonalità, posizionati vicino al viso della persona per osservare gli effetti cromatici sulla pelle, sugli occhi e sui capelli. Questa tecnica aiuta a vedere quali colori accentuano al meglio le caratteristiche naturali e quali invece potrebbero renderle opache o meno attraenti.

Applicazioni nell'Abbigliamento e nello Stile:

Una volta determinata la palette di colori ideale, questa può essere applicata all'abbigliamento, agli accessori e persino al trucco. Scegliere capi e accessori nei colori giusti può trasformare un outfit, evidenziando i punti di forza di una persona e creando un look complessivamente più armonico e bilanciato.

Benefici dell'Analisi del Colore:

L'uso di colori che si abbinano bene alle caratteristiche fisiche può avere un impatto significativo sulla fiducia in se stessi e sull'autostima. Indossare colori che ci valorizzano può farci sentire più attraenti, sicuri e a nostro agio nel nostro stile. Inoltre, può semplificare la scelta dell'abbigliamento e dello shopping, poiché si ha una guida chiara su quali colori cercare.

Estensione oltre l'Abbigliamento:

L'analisi del colore può anche essere applicata in contesti che vanno oltre l'abbigliamento. Ad esempio, può essere utile nella scelta dei colori per il trucco, l'arredamento di casa o persino il branding personale e professionale.

Personalizzazione e Flessibilità:

Anche se l'analisi del colore fornisce linee guida, è importante ricordare che si tratta di uno strumento flessibile. Le preferenze personali, le occasioni e le tendenze possono influenzare le scelte di stile, permettendo alle persone di giocare con la palette consigliata e adattarla alle loro esigenze.

In conclusione, l'analisi del colore è una pratica preziosa che può arricchire significativamente l'esperienza di vestirsi e di esprimersi attraverso il proprio stile. Fornendo una guida su quali colori meglio si adattano a una persona, può migliorare l'impatto visivo e la fiducia in se stessi, permettendo di creare un'immagine personale che sia non solo esteticamente attraente, ma anche profondamente in sintonia con l'individuo.

DOMANDE FREQUENTI: COME SCEGLIERE I COLORI GIUSTI PER ME?

La scelta dei colori giusti per l'abbigliamento è un aspetto che suscita molte domande, in quanto coinvolge sia l'aspetto estetico sia quello funzionale del vestirsi. Ecco alcune delle domande più frequenti sul tema:

Come Posso Determinare i Colori Che Mi Stanno Meglio?

Per scoprire quali colori valorizzano al meglio il tuo aspetto, considera il colore dei tuoi capelli, degli occhi e il sottotono della tua pelle. I sottotoni caldi della pelle tendono a essere valorizzati da colori altrettanto caldi come il rosso, l'arancione e il giallo, mentre i sottotoni freddi si abbinano bene con colori freddi come il blu, il verde e il viola. Esistono vari test per determinare il sottotono della pelle, tra cui l'osservazione del colore delle vene al polso.

Esistono Colori Universali Che Stanno Bene a Tutti?

Alcuni colori, noti come "universali", tendono a stare bene a molte persone, indipendentemente dal loro sottotono della pelle. Esempi includono alcuni toni di blu (come il blu jeans), alcuni grigi e il verde bottiglia.

Come Posso Scegliere i Colori per un Guardaroba Versatile?

Per un guardaroba versatile, è consigliato avere una base di colori neutri come nero, bianco, grigio, beige e navy. Questi colori possono essere facilmente abbinati con una varietà di altri colori e pattern, rendendo più semplice creare outfit diversi.

Posso Indossare Colori Che Non Sono nella Mia Palette Ideale?

Certamente! Mentre l'analisi del colore può fornire linee guida utili, non è necessario limitarsi esclusivamente a queste. Sperimentare con i colori può essere un modo divertente per esprimere la propria personalità. L'importante è sentirsi a proprio agio e sicuri con ciò che si indossa.

Come Posso Utilizzare i Colori per Influire sul Mio Umore?

I colori possono avere un impatto significativo sul tuo stato d'animo. Per esempio, i colori vivaci come il giallo o il rosso possono aumentare l'energia e la vitalità, mentre i toni pastello possono avere un effetto calmante. Scegli i colori del tuo outfit in base a come vuoi sentirti o al messaggio che desideri trasmettere in quel giorno.

I Colori Che Indosso Possono Influenzare Come Gli Altri Mi Percepiscono?

Sì, i colori possono influenzare la percezione altrui. Ad esempio, indossare colori scuri e solidi può trasmettere un senso di autorità e professionalità, mentre colori chiari e morbidi possono dare un'impressione di accessibilità e gentilezza.

In sintesi, scegliere i colori giusti per l'abbigliamento dipende da una combinazione di fattori personali, come il sottotono della pelle, il colore dei capelli e degli occhi, e preferenze personali. Mentre esistono linee guida basate sull'analisi del colore, è importante ricordare che l'espressione personale e il comfort con i propri abiti sono altrettanto importanti.

MITI DA SFATARE: ALCUNI COLORI NON STANNO BENE A NESSUNO

Il mito che alcuni colori non stiano bene a nessuno è una convinzione diffusa, ma in realtà, è una generalizzazione eccessiva che non tiene conto della varietà e della complessità delle caratteristiche individuali e delle preferenze personali. Questa idea tende a semplificare eccessivamente il concetto di abbinamento dei colori e non riflette la realtà che quasi ogni colore può essere indossato con successo da qualcuno, a seconda di come viene abbinato e del contesto in cui viene indossato. Ecco perché questo mito è infondato:

Variazioni Individuali:

Ogni persona ha un insieme unico di caratteristiche fisiche, come il tono della pelle, il colore degli occhi e dei capelli, che possono essere valorizzate o meno da diversi colori. Quello che può non stare bene a una persona potrebbe essere estremamente lusinghiero per un'altra. Ad esempio, un colore che su una pelle con sottotono freddo potrebbe sembrare spento, potrebbe invece illuminare una pelle con sottotono caldo.

Contesto e Abbinamento:

La chiave per indossare qualsiasi colore sta nel contesto e nell'abbinamento. Un colore che da solo potrebbe non essere particolarmente lusinghiero può trasformarsi quando abbinato correttamente con altri colori o con specifici accessori. La combinazione di colori e la scelta degli accessori possono cambiare drasticamente l'impatto visivo di un capo di abbigliamento.

Preferenze Personali e Stile:

La scelta dei colori è anche una questione di gusto personale e stile individuale. Anche se un colore non è tradizionalmente considerato lusinghiero, può comunque essere una scelta di stile per qualcuno che lo apprezza e si sente a suo agio indossandolo. La moda è una forma di espressione personale, e scegliere colori che si amano e in cui ci si sente a proprio agio è più importante di seguire regole rigide.

Cambiamenti nelle Tendenze della Moda:

Le tendenze della moda sono sempre in evoluzione, e ciò che una volta era considerato un "no-go" in termini di colore può diventare improvvisamente alla moda. L'industria della moda spesso ridefinisce quali colori sono desiderabili o meno, dimostrando che non esistono colori universalmente inadatti.

In conclusione, il mito che certi colori non stiano bene a nessuno è da sfatare. La scelta dei colori nell'abbigliamento dovrebbe basarsi su una varietà di fattori, inclusa la compatibilità con le caratteristiche individuali, le preferenze personali, il contesto in cui il colore viene indossato, e l'abilità nel combinare e bilanciare diversi colori. Quasi tutti i colori possono essere adatti a qualcuno, e la bellezza di indossarli risiede nell'arte di sapere come e quando farlo.

L'ABBIGLIAMENTO E GLI ACCESSORI MASCHILI/FEMMINILI

Nel capitolo dedicato all'abbigliamento e agli accessori, sia maschili sia femminili, ci immergiamo nel vasto e affascinante mondo della moda, dove stile, funzionalità e espressione personale si intrecciano per creare l'immagine che proiettiamo di noi stessi nel mondo. Questo universo sartoriale non è solo un insieme di tendenze e capi alla moda; rappresenta un dialogo continuo tra la nostra identità e il modo in cui scegliamo di presentarci agli altri.

L'abbigliamento e gli accessori, elementi fondamentali di questo dialogo, vanno ben oltre la semplice necessità di vestirsi. Essi sono strumenti di autoespressione, mezzi attraverso i quali possiamo esprimere la nostra personalità, il nostro stato d'animo e persino i nostri obiettivi. In questo contesto, esploriamo come le scelte di moda possano influenzare la percezione che gli altri hanno di noi e come possiamo utilizzare abbigliamento e accessori per enfatizzare i nostri punti di forza e mostrare al mondo chi siamo realmente.

In un panorama in continua evoluzione, dove le tendenze vanno e vengono con rapidità sorprendente, mantenere uno stile personale che sia sia aggiornato sia fedele alla propria essenza può sembrare una sfida. Tuttavia, con suggerimenti mirati e guide su come combinare diversi elementi di abbigliamento, è possibile creare un look che sia contemporaneo e al tempo stesso unico. Dall'abbinamento di colori e tessuti alla scelta degli accessori giusti, esploreremo come le piccole scelte possano avere un grande impatto sull'insieme del look.

Saranno anche affrontate alcune delle domande più comuni riguardo l'aggiornamento dello stile personale, offrendo consigli pratici e idee per rinfrescare il guardaroba senza perdere di vista la propria identità. Inoltre, sfateremo il mito secondo cui gli accessori sono meno importanti dei vestiti. Gli accessori possono essere, infatti, il tocco finale che trasforma un outfit ordinario in qualcosa di straordinario, sottolineando l'importanza di ogni dettaglio nella costruzione del proprio stile.

Questo capitolo si propone di essere una guida completa per navigare nel mondo dell'abbigliamento e degli accessori, fornendo strumenti e conoscenze per esprimersi attraverso la moda, indipendentemente dal genere. Con un approccio olistico al mondo del vestire, miriamo a esplorare come ogni elemento del nostro guardaroba possa contribuire a raccontare la nostra storia, celebrando la diversità e la creatività che la moda può offrire.

TENDENZE E SUGGERIMENTI SPECIFICI

Nell'ambito dell'abbigliamento e degli accessori, sia maschili sia femminili, tenersi al passo con le ultime tendenze e sapere come integrarle nel proprio stile personale può essere sia eccitante sia un po' intimidatorio. Le tendenze della moda, infatti, sono in costante evoluzione, catturando l'essenza di un momento culturale, un'espressione artistica o un cambio nelle preferenze sociali. In questa sezione, esploreremo alcune tendenze attuali e forniremo suggerimenti specifici per adottarle nel modo più armonioso e personale possibile.

Per gli uomini, una tendenza recente è il ritorno di elementi classici, ma con un tocco moderno. Questo può includere il riutilizzo di capi tradizionali come giacche sartoriali o pantaloni chino, ma reinterpretati in colori vivaci o con tagli più rilassati. L'idea è quella di bilanciare il classico con l'innovativo, creando un look che sia rispettoso della tradizione ma al tempo stesso fresco e attuale.

Per le donne, una tendenza chiave è l'uso audace di pattern e colori. Stiamo vedendo un aumento di stampe audaci, sia in termini di dimensioni che di colore. Queste possono variare da motivi geometrici a stampe floreali, e possono essere utilizzate per creare punti focali in un outfit. L'abbinamento di stampe diverse può sembrare rischioso, ma quando fatto con cura, può risultare in un ensemble sofisticato ed eclettico.

In entrambi i casi, l'accento è posto sulla personalizzazione e sull'espressione individuale. Ecco alcuni suggerimenti per integrare queste tendenze nel proprio stile:

Equilibrio tra Nuovo e Vecchio: Quando si esplorano nuove tendenze, è importante mantenere un equilibrio tra elementi di moda e pezzi classici. Questo aiuta a creare un look che è contemporaneo senza essere eccessivo.

Sperimentazione con i Colori: Non aver paura di sperimentare con i colori. Anche se le stampe audaci e i colori vivaci possono sembrare intimidatori, possono essere incorporati in piccole dosi, come un accessorio o un capo singolo, per aggiungere un tocco di vivacità all'outfit.

Mix di Tessuti e Texture: Giocare con diversi tessuti e texture può aggiungere profondità e interesse a un outfit. Ad esempio, l'abbinamento di un tessuto liscio con uno più ruvido o l'uso di layering può creare un look dinamico e interessante.

Accessori Come Punti Focali: Gli accessori sono un ottimo modo per integrare nuove tendenze senza stravolgere il proprio stile. Un accessorio trendy può aggiornare un outfit senza che sia necessario rivoluzionare l'intero guardaroba.

Fiducia nel Proprio Stile: Infine, la chiave per adottare qualsiasi tendenza è farlo con fiducia. Scegli ciò che risuona con te e ciò che ti fa sentire a tuo agio e sicuro. La moda è, in ultima analisi, un modo per esprimere chi sei, quindi ogni scelta dovrebbe essere un riflesso della tua personalità.

Attraverso questi suggerimenti, è possibile navigare nel mondo in continuo cambiamento della moda, incorporando nuove tendenze in modo che rispecchino il tuo stile personale e arricchiscano il tuo modo di presentarti al mondo.

GUIDE SU ABBINAMENTI

Creare abbinamenti di abbigliamento e accessori efficaci e armoniosi è una componente essenziale del vestirsi con stile. Che tu stia preparando un outfit per un evento formale, per il lavoro, o semplicemente per il tempo libero, ci sono alcuni principi e tecniche che possono aiutarti a costruire combinazioni esteticamente piacevoli e funzionali. Qui di seguito, esploriamo una guida dettagliata su come abbinare abiti e accessori in modo efficace:

Capire il Bilanciamento dei Colori:

Capire il bilanciamento dei colori è un elemento cruciale nell'arte dell'abbinamento nell'abbigliamento, essendo uno dei fattori determinanti nell'impatto visivo di un outfit. Una comprensione approfondita di come funziona il cerchio cromatico può aiutarti a creare combinazioni di colori armoniose e accattivanti, oltre che a esprimere il tuo stile personale in modo più efficace.

Il cerchio cromatico è uno strumento fondamentale per capire le relazioni tra i diversi colori. È costituito da colori primari (rosso, blu e giallo), secondari (verde, arancione e viola, che si ottengono mescolando i primari) e terziari (combinazioni di primari e secondari).

Colori Complementari:

I colori opposti sul cerchio cromatico, noti come colori complementari, creano un contrasto elevato e sono visivamente stimolanti. Questa combinazione è spesso utilizzata per creare un punto focale o per aggiungere un tocco audace a un outfit. Ad esempio, abbinare una camicia blu con accessori arancioni può creare un contrasto vivace e attraente. Tuttavia, è importante utilizzare questa combinazione con moderazione per evitare di sovraccaricare il look.

Colori Analoghi:

Per un approccio più sobrio e armonico, gli abbinamenti di colori analoghi sono ideali. Questi colori si trovano uno accanto all'altro sul cerchio cromatico e di solito condividono un sottotono comune, sia esso caldo o freddo. Ad esempio, una combinazione di diversi toni di blu e verdi può creare un look coerente e tranquillo. Questo tipo di abbinamento è perfetto per coloro che preferiscono un aspetto più discreto ma comunque stilisticamente coeso.

Variazioni di Saturazione e Luminosità:

Oltre alla selezione dei colori, è importante considerare anche la saturazione (intensità del colore) e la luminosità (quanto un colore è chiaro o scuro). Giocare con queste due dimensioni può aggiungere interesse e profondità a un outfit. Ad esempio, abbinare un colore vivace con una sua versione più scura o più chiara può creare una gradazione cromatica piacevole.

Colori Neutri:

I colori neutri, come il nero, il bianco, il grigio, il beige e il navy, offrono una base eccellente per qualsiasi schema di colori. Sono versatili e possono essere abbinati facilmente con colori più vivaci per bilanciare l'outfit. Ad esempio, un paio di pantaloni beige con una maglietta blu elettrico può essere un abbinamento efficace e al tempo stesso sobrio.

Esperimenti e Preferenze Personali:

Non esistono regole fisse nel mondo del colore, quindi esperimentare con diverse combinazioni è essenziale. Ogni persona reagisce ai colori in modo diverso, quindi è importante trovare quello che funziona meglio per te e che rispecchia la tua personalità e il tuo stile.

In sintesi, il bilanciamento dei colori nell'abbigliamento è una combinazione di arte e scienza. Capire come funzionano insieme i colori e come influenzano la percezione visiva ti permetterà di creare outfit che non solo sono esteticamente piacevoli ma anche espressioni del tuo stile personale. Ricorda che la moda è un campo in cui puoi esprimere te stesso, quindi non aver paura di giocare e sperimentare con i colori.

Colori Complementari

I colori opposti sul cerchio cromatico, noti come colori complementari, creano un contrasto elevato e sono visivamente stimolanti. Questa combinazione è spesso utilizzata per creare un punto focale o per aggiungere un tocco audace a un outfit. Ad esempio, abbinare una camicia blu con accessori arancioni può creare un contrasto vivace e attraente. Tuttavia, è importante utilizzare questa combinazione con moderazione per evitare di sovraccaricare il look.

Colori Analoghi:

Per un approccio più sobrio e armonico, gli abbinamenti di colori analoghi sono ideali. Questi colori si trovano uno accanto all'altro sul cerchio cromatico e di solito condividono un sottotono comune, sia esso caldo o freddo. Ad esempio, una combinazione di diversi toni di blu e verdi può creare un look coerente e tranquillo. Questo tipo di abbinamento è perfetto per coloro che preferiscono un aspetto più discreto ma comunque stilisticamente coeso.

Variazioni di Saturazione e Luminosità:

Oltre alla selezione dei colori, è importante considerare anche la saturazione (intensità del colore) e la luminosità (quanto un colore è chiaro o scuro). Giocare con queste due dimensioni può aggiungere interesse e profondità a un outfit. Ad esempio, abbinare un colore vivace con una sua versione più scura o più chiara può creare una gradazione cromatica piacevole.

Colori Neutri:

I colori neutri, come il nero, il bianco, il grigio, il beige e il navy, offrono una base eccellente per qualsiasi schema di colori. Sono versatili e possono essere abbinati facilmente con colori più vivaci per bilanciare l'outfit. Ad esempio, un paio di pantaloni beige con una maglietta blu elettrico può essere un abbinamento efficace e al tempo stesso sobrio.

Esperimenti e Preferenze Personali:

Non esistono regole fisse nel mondo del colore, quindi esperimentare con diverse combinazioni è essenziale. Ogni persona reagisce ai colori in modo diverso, quindi è importante trovare quello che funziona meglio per te e che rispecchia la tua personalità e il tuo stile.

In sintesi, il bilanciamento dei colori nell'abbigliamento è una combinazione di arte e scienza. Capire come funzionano insieme i colori e come influenzano la percezione visiva ti permetterà di creare outfit che non solo sono esteticamente piacevoli ma anche espressioni del tuo stile personale. Ricorda che la moda è un campo in cui puoi esprimere te stesso, quindi non aver paura di giocare e sperimentare con i colori.

Giocare con le Texture e i Materiali:

L'arte di giocare con texture e materiali nell'abbigliamento è una sottile danza di equilibrio e contrasto che può elevare un outfit da ordinario a straordinario. La combinazione di diversi tessuti non solo aggiunge varietà visiva e tattile a un look, ma anche permette di esprimere creatività e unicità nel modo di vestire. Ecco come puoi sfruttare al meglio la varietà di texture e materiali disponibili:

Contrasto tra Morbido e Ruvido:

Creare un contrasto tra elementi morbidi e ruvidi può aggiungere una dimensione interessante a un outfit. Ad esempio, l'abbinamento di un maglione di cashmere morbido con pantaloni in tweed ruvido o una giacca di jeans può creare un equilibrio visivamente piacevole. Questo tipo di contrasto non solo cattura l'attenzione, ma aggiunge anche un livello di complessità al tuo stile.

Mix di Pesante e Leggero:

Combinare tessuti pesanti con materiali leggeri è un'altra tecnica efficace. Ad esempio, un cappotto pesante in lana sopra un abito leggero in chiffon può creare un look stratificato che funziona bene nelle stagioni di transizione. Questa combinazione non solo è funzionale, ma aggiunge anche profondità e movimento all'outfit.

Abbinamento di Liscio e Strutturato:

Giocare con la texture può significare anche sperimentare con superfici lisce contro quelle strutturate. Un esempio potrebbe essere abbinare un top in seta liscia con un paio di pantaloni in velluto a coste o una gonna in tessuto jacquard. La differenza nelle texture può rendere l'outfit più dinamico e visivamente stimolante.

Uso di Tessuti Lucidi e Opachi:

L'abbinamento di tessuti con finiture diverse, come materiali lucidi e opachi, può creare un effetto sofisticato. Una giacca in raso lucido abbinata a un paio di pantaloni opachi in cotone o lana può creare un contrasto che attira l'occhio senza essere eccessivo.

Sperimentazione con Pattern e Stampa:

Oltre alle texture, considera di giocare con pattern e stampe. Ad esempio, un top a righe sottili può essere abbinato a una gonna a pois per un look giocoso, o un blazer a quadri può essere abbinato a pantaloni tinta unita per un look più sobrio.

Attenta Selezione dei Tessuti:

Quando sperimenti con diversi tessuti, è importante considerare anche la qualità e il drappeggio dei materiali. Alcuni tessuti cadono meglio di altri e possono influenzare l'aspetto complessivo dell'outfit. Ad esempio, un tessuto che cade morbido e fluido può aggiungere un senso di eleganza, mentre un tessuto più rigido può dare struttura e forma all'outfit.

Consistenza nell'Occasione e nel Comfort:

Mentre sperimenti con texture e materiali, considera sempre l'occasione e il tuo comfort personale. Assicurati che i tessuti scelti siano adatti al contesto in cui verranno indossati e che ti senta a tuo agio e sicuro nel tuo outfit.

In conclusione, giocare con le texture e i materiali offre infinite possibilità per esprimere la tua individualità attraverso il tuo stile. Questa esplorazione creativa non solo migliora l'aspetto estetico del tuo abbigliamento, ma permette anche di sperimentare e scoprire nuovi modi di esprimere te stesso attraverso la moda.

Equilibrio tra Pezzi di Base e Pezzi Forti:

L'arte di creare un outfit equilibrato che mescoli con armonia pezzi di base e pezzi forti è fondamentale per un abbigliamento che sia allo stesso tempo interessante e misurato. Questo equilibrio permette di giocare con la moda senza cadere in eccessi, mantenendo una coerenza stilistica che è tanto piacevole alla vista quanto espressiva della propria individualità.

I pezzi di base, spesso in colori neutri come nero, bianco, grigio, beige o navy, sono i pilastri del guardaroba. Essi fungono da tela di fondo su cui costruire il resto dell'outfit. Questi elementi, come una camicia bianca, un paio di jeans ben tagliati o una giacca blazer nera, sono versatili e senza tempo, offrendo una base solida per sperimentare con pezzi più audaci.

I pezzi forti, d'altro canto, sono quelli che catturano l'attenzione. Possono essere colorati, con pattern vivaci, di taglio insolito o decorati con dettagli unici. Questi elementi sono l'espressione della tua personalità e creatività. Tuttavia, è importante non esagerare. L'obiettivo è di attirare l'attenzione in modo positivo senza sovraccaricare visivamente.

Quando si crea un outfit, l'idea è di scegliere un pezzo forte come punto focale e costruire il resto dell'abito intorno ad esso con pezzi di base. Ad esempio, se scegli di indossare una gonna con un pattern colorato e audace, potresti bilanciarla con una maglia semplice in un colore neutro e un paio di scarpe sobrie. Questo permette alla gonna di essere il centro dell'attenzione senza che l'outfit diventi troppo complicato o caotico.

Un altro approccio è quello di abbinare diversi pezzi forti con cautela. Ad esempio, se indossi una camicia a stampa, potresti abbinarla a un paio di pantaloni di un colore che si trova nella stampa. Questo crea un collegamento visivo tra i due pezzi, mantenendo l'armonia generale dell'outfit.

Inoltre, è importante considerare il contesto e l'occasione. Mentre un ambiente più creativo o casual potrebbe permettere maggiori libertà nell'abbinamento di pezzi forti, in un contesto formale o professionale potrebbe essere più appropriato limitare l'uso di tali pezzi e optare per un look più sobrio e raffinato.

Infine, ricorda che la moda è un modo per esprimere te stesso. Non aver paura di sperimentare e di trovare il tuo equilibrio personale tra pezzi di base e pezzi forti. L'obiettivo è di sentirsi sicuri e a proprio agio con ciò che si indossa, creando uno stile che rifletta chi sei.

Considerare la Silhouette e il Fit:

La considerazione della silhouette e del fit è fondamentale nell'arte dell'abbinamento nell'abbigliamento, poiché la forma e la vestibilità dei capi possono influenzare notevolmente l'aspetto complessivo e l'impressione che un outfit trasmette. Capire come valorizzare la propria figura attraverso la scelta degli abiti giusti è una competenza chiave nel creare un look che sia non solo esteticamente piacevole, ma anche espressivo e confortevole.

Valorizzazione della Figura:

Ogni persona ha una forma del corpo unica, e comprendere come valorizzarla può fare la differenza nell'aspetto di un outfit. Abiti che seguono la linea del corpo senza stringere o limitare i movimenti tendono a essere più lusinghieri. Ad esempio, per chi ha una figura a clessidra, abiti che evidenziano la vita possono accentuare la propria silhouette naturale.

Bilanciamento delle Proporzioni:

Equilibrare le proporzioni è un aspetto cruciale nell'abbinamento. Se indossi un capo ampio o voluminoso in una parte del corpo, equilibralo con qualcosa di più aderente nell'altra. Ad esempio, una gonna ampia o a ruota può essere bilanciata con un top aderente o una camicetta insaccata, creando un equilibrio visivo che non appesantisce la figura.

Scelta dei Tessuti e del Drappeggio:

La scelta dei tessuti e del loro drappeggio gioca un ruolo importante nella silhouette che un capo crea. Materiali più fluidi e leggeri possono cadere elegantemente, enfatizzando le curve in modo sottile, mentre tessuti più rigidi possono fornire struttura e forma. Ad esempio, un abito in chiffon può drappeggiare dolcemente attorno al corpo, mentre un abito in tessuto più spesso può creare una silhouette più definita.

Attenzione al Fit:

Il fit, o la vestibilità, è essenziale per assicurarsi che i capi siano confortevoli e valorizzino al meglio la tua figura. Abiti troppo stretti o troppo larghi possono alterare la percezione delle proporzioni del corpo. È importante scegliere abiti che si adattino bene, rispettando la forma naturale del corpo senza costringerlo.

Utilizzo degli Accessori per Modificare la Silhouette:

Gli accessori possono essere utilizzati per modificare visivamente la silhouette. Una cintura, ad esempio, può essere utilizzata per definire la vita, mentre una sciarpa lunga può aggiungere verticalità e slanciare la figura. Anche la scelta delle scarpe può influenzare la percezione della silhouette; tacchi alti, per esempio, possono allungare la figura.

Adattabilità allo Stile Personale:

Mentre si considerano questi aspetti, è anche fondamentale che l'abbigliamento rispecchi il tuo stile personale. Non è necessario aderire rigidamente a regole fisse se queste non si allineano con il tuo senso estetico o con ciò che ti fa sentire a tuo agio.

In conclusione, prendere in considerazione la silhouette e il fit è vitale nell'assemblare outfit che non solo appaiano ben congegnati, ma che esaltino anche le tue caratteristiche uniche. Un abbinamento ben pensato, che tenga conto della forma del corpo e della vestibilità, può aumentare la fiducia in se stessi e assicurare che ti senta al meglio con ciò che indossi.

Utilizzo degli Accessori per Completare o Rompere la Monotonia:

Gli accessori possono trasformare un outfit. Una sciarpa colorata o una collana vistosa possono aggiungere un punto di interesse a un abbigliamento altrimenti semplice. Allo stesso modo, una cintura può essere utilizzata per definire la silhouette o aggiungere un tocco di colore.

Abbinamento di Scarpe e Borse:

Nell'arte dell'abbinamento nell'abbigliamento, la scelta delle scarpe e delle borse può giocare un ruolo cruciale nell'armonia complessiva di un outfit. Sebbene l'abbinamento esatto di colore tra scarpe e borse non sia più una regola ferrea della moda contemporanea, è ancora importante che questi due elementi si complementino in modo da creare un look coeso e rifinito.

La complementarità tra scarpe e borse può essere ottenuta attraverso varie tecniche. Ad esempio, abbinare la texture piuttosto che il colore esatto può essere un modo efficace per creare armonia. Una borsa di pelle marrone, con la sua texture ricca e naturale, può essere abbinata in modo affascinante con scarpe in tonalità di terra, come il beige, il cammello o anche un marrone più scuro, creando un connubio che è sia sottile sia esteticamente piacevole.

Un altro approccio potrebbe essere quello di giocare con i contrasti cromatici in modo bilanciato. Ad esempio, una borsa in un colore brillante come il rosso o il blu può essere abbinata con scarpe in una tonalità neutra che contenga un accenno di quel colore. Questo tipo di abbinamento crea un punto focale interessante senza che l'outfit risulti troppo carico o disarmonico.

Si può anche sperimentare con abbinamenti basati sulle tendenze stagionali o sui temi cromatici. Ad esempio, durante l'autunno, combinazioni di colori più caldi e terrosi possono essere particolarmente efficaci, mentre in primavera ed estate, colori più vivaci e leggeri possono essere una scelta fresca e alla moda.

Oltre al colore e alla texture, la forma e lo stile delle scarpe e delle borse possono anche contribuire alla coerenza dell'outfit. Una borsa elegante e strutturata, ad esempio, potrebbe essere meglio abbinata con scarpe dal design raffinato e formale, mentre una borsa casual e slouchy potrebbe accoppiarsi bene con scarpe più rilassate e comode.

Inoltre, è importante considerare l'occasione e il contesto in cui vengono indossati. Per un evento formale, è consigliabile optare per un abbinamento più classico e raffinato, mentre per le attività quotidiane o casual, si può essere più sperimentali e giocosi negli abbinamenti.

In conclusione, l'abbinamento di scarpe e borse non deve necessariamente seguire regole rigide, ma dovrebbe mirare a creare un senso di equilibrio e armonia nell'insieme dell'outfit. Questo può essere realizzato attraverso la complementarità di colore, texture, forma e stile, tenendo sempre presente l'occasione e il contesto. Un abbinamento ben eseguito non solo migliora l'aspetto generale, ma aggiunge anche un tocco di raffinatezza e cura ai dettagli, che sono elementi chiave di un buon stile.

Layering e Stagionalità:

L'abbinamento di strati diversi, o layering, è una tecnica essenziale nella moda, specialmente per adattarsi alle varie stagioni mantenendo un senso di stile. Questa pratica non solo fornisce versatilità e funzionalità, ma offre anche l'opportunità di giocare con diverse combinazioni di tessuti, colori e forme, creando outfit unici e personalizzati.

Durante i mesi più freddi, il layering diventa particolarmente importante. Iniziando con una base leggera, come una camicia o una maglietta, puoi poi aggiungere strati intermedi, come maglioni, cardigan o gilet. Questi strati non solo forniscono calore aggiuntivo, ma aggiungono anche profondità e interesse visivo all'outfit. Per il tocco finale, un cappotto o una giacca ben scelti possono completare il look, fornendo non solo una protezione ulteriore dagli elementi, ma anche un elemento di stile distintivo.

Nel layering, è fondamentale considerare il bilanciamento dei volumi e delle lunghezze. Abbinare un capo ampio o voluminoso con altri più aderenti può aiutare a mantenere una silhouette equilibrata. Ad esempio, se indossi un maglione oversize, potresti bilanciarlo con pantaloni aderenti o una gonna stretta. Allo stesso modo, sovrapporre pezzi di lunghezze diverse può creare un effetto a strati visivamente interessante, come un cardigan lungo su un top più corto, finito con un cappotto alla lunghezza del ginocchio.

È anche importante considerare i colori e i pattern quando si creano strati. Mentre uno strato può avere un colore o un motivo audace, gli altri strati potrebbero essere più neutrali per evitare che l'outfit diventi troppo caotico. Ad esempio, una sciarpa a stampa vivace può essere l'accento perfetto su un cappotto in tonalità neutra e un maglione semplice.

In primavera ed estate, il layering rimane una tecnica utile, sebbene con un approccio leggermente diverso. Invece di strati per il calore, si tratta più di sovrapporre per stile e versatilità. Gilet leggeri, kimono, cardigan sottili o giacche leggere possono essere utilizzati per aggiungere interesse a un outfit senza soffocare. In questi casi, il layering permette di adattarsi facilmente ai cambiamenti di temperatura durante la giornata.

In conclusione, il layering è una tecnica di stile versatile che può essere adattata a qualsiasi stagione e occasione. Sperimentare con diversi strati, texture, colori e lunghezze non solo permette di rimanere comodi e adeguati alla temperatura, ma offre anche un'opportunità unica di esprimere la propria creatività e senso dello stile. Con un po' di pratica, puoi padroneggiare l'arte del layering per creare look che siano sia funzionali sia esteticamente accattivanti.

Adattabilità e Versatilità:

L'adattabilità e la versatilità sono concetti chiave nel mondo della moda, specialmente quando si tratta di creare un guardaroba funzionale e stilisticamente coerente. La capacità di abbinare i pezzi in modi diversi non solo estende le opzioni di outfit disponibili, ma consente anche di sfruttare al massimo ogni capo d'abbigliamento, offrendo una sostenibilità sia economica sia ambientale. Quando si selezionano e si abbinano i capi, è fondamentale considerare come ogni elemento possa essere riutilizzato e reinventato in diversi contesti.

Pezzi Multifunzionali:

Investire in capi multifunzionali che possono essere indossati in più modi o in diverse occasioni è una strategia intelligente. Ad esempio, una camicia di buona qualità può essere indossata sotto un maglione per un look casual, con un blazer per un contesto più formale, o anche da sola con un paio di jeans per un outfit quotidiano. Questa versatilità rende il capo prezioso in termini di varietà di utilizzo.

Abbinamenti Trasversali:

Quando scegli gli abiti, pensa a come ciascun pezzo potrebbe essere abbinato con diversi altri nel tuo guardaroba. I capi in colori neutri o in tonalità facilmente abbinabili offrono una vasta gamma di opzioni e possono essere combinati in modo creativo con colori più vivaci o pattern unici. Ad esempio, un paio di pantaloni neri è un classico che può essere abbinato con quasi tutto, dalla camicia formale alla t-shirt grafica.

Transizione tra le Stagioni:

Seleziona abiti che possono essere facilmente adattati al

cambiamento delle stagioni. Ad esempio, un abito leggero può essere indossato da solo in estate e poi stratificato con maglioni, collant e stivali in inverno. Questa capacità di adattarsi a diverse temperature e condizioni climatiche estende la vita utile del capo attraverso l'anno.

Accessori per Rinnovare:

Gli accessori giocano un ruolo cruciale nell'aggiungere varietà a un outfit. Cambiare gli accessori, come scarpe, borse, gioielli, cinture o sciarpe, può trasformare completamente il look di un capo base. Questo permette di creare outfit diversi senza dover necessariamente investire in nuovi capi d'abbigliamento.

Layering Strategico:

Sperimentare con il layering può offrire nuove modalità per indossare i capi esistenti. Sovrapponendo diversi strati, si possono creare nuove combinazioni e adattare gli abiti a diverse temperature e occasioni.

Personalizzazione e Adattamento:

Non esitare a personalizzare o modificare i capi per aumentarne la versatilità. Piccoli aggiustamenti, come cambiare i bottoni, accorciare o allungare gli orli, o aggiungere dettagli decorativi, possono dare nuova vita a un capo vecchio o semplice.

In sintesi, la chiave per un guardaroba adattabile e versatile sta nel selezionare pezzi che offrono una varietà di opzioni di styling e che possono essere facilmente trasformati o combinati in modi diversi. Questo approccio non solo rende lo stile personale più dinamico ed interessante, ma promuove anche un consumo più consapevole e sostenibile della moda.

Espressione Personale:

Infine, la cosa più importante negli abbinamenti è che riflettano la tua personalità e il tuo stile unico. Non esitare a rompere le "regole" se ciò significa esprimere meglio chi sei. La moda è uno spazio per l'esplorazione e l'espressione di sé, quindi sperimenta e trova ciò che funziona per te.

Attraverso questi principi e tecniche, puoi imparare a creare abbinamenti che non solo sembrano esteticamente piacevoli ma che rispecchiano anche la tua identità personale. Ricorda che l'obiettivo non è solo seguire le tendenze, ma anche trovare modi per esprimere te stesso attraverso le scelte che fai nel tuo abbigliamento.

DOMANDE FREQUENTI: COME POSSO AGGIORNARE IL MIO STILE?

Aggiornare il proprio stile è una domanda frequente tra coloro che desiderano rinnovare la propria immagine o semplicemente mantenere il passo con l'evoluzione della moda. Ci sono diversi modi per rinfrescare il tuo stile senza dover necessariamente rinnovare l'intero guardaroba. Ecco alcune strategie efficaci:

Incorporare Tendenze Attuali:

Una delle maniere più semplici per aggiornare il tuo stile è incorporare alcune tendenze attuali. Ciò non significa seguire ciecamente ogni nuova moda, ma piuttosto selezionare alcuni pezzi o accessori che risuonano con il tuo stile personale e che possono essere facilmente abbinati ai capi che già possiedi.

Rivedere i Classici:

A volte, aggiornare il proprio stile può significare ritornare ai classici. Pezzi senza tempo come una giacca ben tagliata, un paio di jeans di qualità o una camicia bianca possono essere riportati in auge con piccoli aggiustamenti o accessori moderni.

Giocare con gli Accessori:

Gli accessori sono un modo efficace per aggiungere un tocco di novità al tuo look. Sciarpe, gioielli, orologi, cinture o borse possono trasformare un outfit e sono un modo economico per sperimentare con le ultime tendenze.

Sperimentare con i Colori e i Pattern:

Introducendo nuovi colori o pattern nel tuo guardaroba, puoi rinfrescare il tuo look. Ciò potrebbe significare aggiungere pezzi in colori vivaci che non fanno normalmente parte della tua palette o sperimentare con stampe e texture diverse.

Modificare il Fit e la Silhouette:

A volte, tutto ciò che serve per aggiornare il tuo stile è un cambiamento nella silhouette o nel fit dei tuoi abiti. Prova a indossare capi con una vestibilità diversa da quella che scegli solitamente, come passare da abiti aderenti a tagli più ampi e fluidi, o viceversa.

Aggiungere Pezzi di Tendenza:

Acquistare alcuni pezzi chiave di tendenza può dare un'immediata freschezza al tuo look. Può trattarsi di un capo di abbigliamento, come una giacca di un colore o taglio particolare, o di un accessorio come un paio di scarpe o una borsa alla moda.

Riciclare e Rielaborare:

Non sottovalutare il potere del riciclo e della rielaborazione. Adattare o personalizzare i capi che già possiedi può non solo essere un'attività creativa, ma anche un modo per creare un look unico che rifletta il tuo stile personale.

Cercare Ispirazione:

Trova ispirazione guardando blog di moda, riviste, influencer di stile o anche persone nella vita reale. A volte, tutto ciò che serve per aggiornare il proprio stile è una nuova prospettiva o un'idea fresca su come combinare i capi in modi che non avevi considerato.

Ricorda, aggiornare il tuo stile non significa necessariamente dover seguire ogni nuova tendenza alla moda. Si tratta piuttosto di trovare modi per esprimere la tua personalità e il tuo gusto unico, mantenendo il tuo look fresco e attuale.

MITI DA SFATARE: GLI ACCESSORI SONO MENO IMPORTANTI DEI VESTITI

Il mito che gli accessori siano meno importanti dei vestiti è una concezione riduttiva che sottovaluta il potenziale impatto che gli accessori possono avere su un outfit. Gli accessori, in realtà, giocano un ruolo cruciale nel completare, definire e arricchire un look, e in molti casi possono trasformare completamente l'aspetto generale di un abbigliamento. Ecco perché è importante sfatare questo mito:

Definizione dello Stile:

Gli accessori sono spesso ciò che distingue un outfit comune da uno eccezionale. Possono riflettere la tua personalità e il tuo stile unico in modi che i soli vestiti non possono sempre fare. Un semplice abito nero può essere trasformato in un look da sera con l'aggiunta di gioielli eleganti, o reso adatto per un contesto casual con una sciarpa colorata e un paio di sneakers.

Flessibilità e Versatilità:

Gli accessori offrono un modo per aggiornare il tuo guardaroba senza la necessità di acquistare nuovi abiti. Cambiando gli accessori, puoi dare nuova vita a vestiti che hai indossato molte volte, rendendoli adatti a diverse occasioni e stagioni. Un cambio di borsa, scarpe o cappello può cambiare radicalmente l'aspetto di un outfit.

Espressione Personale e Creatività:

Gli accessori permettono di esprimere creatività e personalità. Possono essere un modo per mostrare i tuoi interessi, come una spilla vintage per gli amanti dell'antiquariato o un orologio di design per gli appassionati di orologeria. Sono, inoltre, un modo per giocare con colori, forme e texture che potrebbero essere più difficili da incorporare nei capi di abbigliamento principali.

Bilanciamento e Proporzione:

Gli accessori possono aiutare a bilanciare le proporzioni del corpo. Ad esempio, una cintura può essere usata per definire la vita, gli occhiali possono bilanciare la forma del viso, e le scarpe a punta possono allungare le gambe. Questi piccoli aggiustamenti possono avere un grande impatto sull'aspetto generale dell'outfit.

Adattabilità a Tendenze e Stagioni:

Gli accessori sono un modo economico per adattarsi alle tendenze correnti. Invece di rinnovare l'intero guardaroba ogni stagione, aggiungere alcuni accessori di tendenza può essere un modo più sostenibile e pratico per rimanere alla moda.

In conclusione, gli accessori sono elementi fondamentali nel mondo della moda e del personal styling. Sono strumenti versatili che offrono infinite possibilità per personalizzare e rinnovare un look, dimostrando che possono essere altrettanto importanti, se non più importanti, dei vestiti stessi. Quindi, quando pensi al tuo outfit, considera gli accessori come componenti chiave che possono definire e elevare il tuo stile.

ANALISI DEI TESSUTI PARTE 1 E 2

Nel viaggio attraverso il mondo della moda e dello stile personale, un capitolo fondamentale è dedicato all'analisi dei tessuti. Questa parte del libro, divisa in due sezioni, offre una panoramica approfondita e dettagliata dei tessuti, esplorando la loro varietà, le caratteristiche uniche e l'impatto che possono avere sulla realizzazione di un outfit. I tessuti sono molto più di semplici materiali da cui sono fatti i vestiti; sono la tela sulla quale si dipinge l'arte della moda, influenzando tutto, dalla silhouette e il comfort al modo in cui un capo si adatta a diverse situazioni e climi.

La prima sezione di questo capitolo si concentra sulle tipologie e le proprietà dei tessuti. Qui esploreremo la vasta gamma di materiali disponibili, dalle fibre naturali come cotone, lana e seta, alle fibre sintetiche come poliestere e nylon. Ogni tessuto ha caratteristiche distintive in termini di texture, peso, durabilità e modo in cui cade e si adatta al corpo. Comprendere queste proprietà è essenziale per fare scelte informate quando si tratta di selezionare i capi d'abbigliamento, sia per la vita quotidiana sia per occasioni speciali.

Nella seconda sezione, ci addentreremo nella scelta del tessuto giusto in base a specifiche occasioni e tipi di corpo. Questa parte è dedicata a guidare il lettore nella selezione dei tessuti che non solo si adattano allo stile e all'evento, ma che lusingano anche la forma del corpo, migliorando l'aspetto complessivo dell'outfit. Che si tratti di trovare il materiale perfetto per un abito da sera elegante o per un abbigliamento comodo per il tempo libero, la scelta del tessuto giusto è cruciale per garantire che il capo sia non solo bello da vedere, ma anche piacevole da indossare.

Attraverso queste sezioni, il lettore acquisirà una conoscenza approfondita dei diversi tessuti, imparando a riconoscerne la qualità, la funzionalità e la compatibilità con vari stili di vita e condizioni climatiche. Questa comprensione permetterà di fare scelte più consapevoli e sostenibili, elevando l'esperienza del vestire a un livello superiore, dove ogni scelta di tessuto è un passo consapevole verso la creazione di un look che non solo appare straordinario, ma si sente altrettanto speciale.

TIPOLOGIE E PROPRIETÀ DEI TESSUTI

La sezione riguardante le tipologie e le proprietà dei tessuti rappresenta una parte essenziale nella comprensione dell'abbigliamento e della moda. Ogni tessuto possiede caratteristiche uniche che influenzano non solo l'aspetto e la funzionalità di un capo di abbigliamento, ma anche come esso viene percepito e vissuto da chi lo indossa. Ecco una panoramica dettagliata delle varie tipologie di tessuti e delle loro proprietà distintive:

Cotone:

Il cotone è una fibra naturale conosciuta per la sua versatilità, comfort e traspirabilità. Assorbe l'umidità, il che lo rende ideale per l'abbigliamento estivo e per i capi a contatto diretto con la pelle. Tuttavia, tende a sgualcirsi facilmente e può restringersi se non trattato adeguatamente.

Lana:

La lana è una fibra naturale ottenuta principalmente dalle pecore. È apprezzata per le sue proprietà isolanti e la sua capacità di regolare la temperatura. La lana può essere leggera o pesante, a seconda della tessitura, e è ideale per i capi invernali. Tuttavia, richiede una cura attenta per mantenere la sua forma e qualità.

Seta:

La seta, nota per il suo aspetto lussuoso e la sua morbidezza, è una fibra naturale prodotta dai bachi da seta. È leggera e ha una bellissima lucentezza, rendendola popolare per abiti da sera e foulard. È però delicata e può essere danneggiata dal sole e dal sudore.

Lino:

Il lino, ricavato dalle piante di lino, è apprezzato per la sua resistenza e freschezza. È particolarmente adatto per l'abbigliamento estivo grazie alla sua eccellente traspirabilità. Tuttavia, tende a sgualcirsi facilmente.

Poliestere:

Il poliestere è una fibra sintetica resistente, durevole e di facile manutenzione. Non si sgualcisce facilmente e mantiene il colore bene, ma non è traspirante come le fibre naturali, il che può renderlo meno confortevole in climi caldi.

Rayon/Viscosa:

Rayon o viscosa è una fibra artificiale creata dall'uomo, realizzata da materiali naturali come la cellulosa. È morbida e ha un bell'aspetto drappeggiato, ma può restringersi o deformarsi quando bagnata.

Nylon:

Il nylon è una fibra sintetica nota per la sua resistenza e durata. È spesso utilizzato in abbigliamento sportivo e calze per la sua flessibilità e resistenza all'usura. Tuttavia, non è molto traspirante.

Denim:

Il denim, tradizionalmente realizzato in cotone, è un tessuto resistente utilizzato principalmente per jeans e giacche. Ha una buona durata e tende a migliorare con l'età, ma può essere rigido e pesante.

Cachemire:

Il cachemire, derivato dal pelo di capre cachemire, è noto per la sua incredibile morbidezza e isolamento termico. È lussuoso e leggero, ma richiede una cura attenta e può essere costoso.

Velluto:

Un tessuto riccamente strutturato noto per la sua morbidezza e il suo aspetto lussuoso. È spesso utilizzato in abbigliamento formale e per occasioni serali.

Tweed:

Un tessuto di lana robusto con una texture distintiva. È popolare per giacche e abbigliamento esterno, specialmente in contesti casual e di campagna.

Chiffon:

Un tessuto leggero e trasparente, spesso fatto di seta o poliestere. È usato per abiti eleganti e indumenti fluttuanti grazie alla sua leggerezza e al bell'effetto drappeggiato.

Gabardine:

Un tessuto resistente e stretto, tipicamente in lana o cotone, utilizzato per cappotti e abiti. È noto per la sua durabilità e resistenza alle intemperie.

Pizzo:

Un tessuto decorativo che crea un effetto intricato e dettagliato. È ampiamente utilizzato in abbigliamento formale, abiti da sposa e lingerie.

Tencel/Lyocell:

Una fibra artificiale ricavata dalla cellulosa, nota per la sua morbidezza, resistenza e sostenibilità. È un'alternativa ecologica popolare per vari tipi di abbigliamento.

Spandex/Elastan:

Una fibra sintetica nota per la sua eccezionale elasticità. È spesso mescolata con altri tessuti per aggiungere stretch a jeans, abbigliamento sportivo e lingerie.

Organza:

Un tessuto sottile e trasparente, spesso in seta, caratterizzato da una finitura rigida e leggermente lucida. È utilizzato per abiti da sera e abiti da sposa.

Broccato:

Un tessuto riccamente decorativo, spesso realizzato con filati di seta, oro o argento, conosciuto per i suoi intricati disegni rilievo, popolare in abbigliamento di lusso e arredamento.

Ogni tessuto ha i suoi punti di forza e le sue limitazioni, e la scelta dipende dalle esigenze individuali, dall'occasione e dalle preferenze personali. Comprendere le proprietà di ogni tipo di tessuto aiuta non solo nella selezione dei capi di abbigliamento, ma anche nel garantire la loro longevità e nel massimizzare il comfort e lo stile.

SCELTA DEL TESSUTO GIUSTO PER OCCASIONI E TIPI DI CORPO

La scelta del tessuto giusto per diverse occasioni e tipi di corpo è un aspetto cruciale per garantire che l'abbigliamento non solo appaia esteticamente gradevole, ma sia anche confortevole e adatto allo scopo. Ogni tessuto ha caratteristiche che possono influenzare il modo in cui un capo cade e si adatta al corpo, così come la sua appropriatezza per determinati eventi o contesti. Ecco una guida dettagliata su come selezionare il tessuto più adatto in base all'occasione e alla forma del corpo:

Occasioni Formali:

Nelle occasioni formali, la scelta del tessuto diventa una dichiarazione di stile e di attenzione ai dettagli, riflettendo l'importanza dell'evento. Per questi momenti, come matrimoni, cene di gala, serate di premiazione o incontri d'affari di alto livello, i tessuti devono non solo apparire impeccabili, ma anche sentirsi lussuosi al tatto e adattarsi perfettamente al contesto.

La seta, con la sua superficie lucida e il drappeggio fluido, è spesso la scelta prediletta per gli abiti da sera e gli abiti da cocktail. La sua raffinatezza innata e la varietà di tessiture disponibili, dal satin liscio al chiffon leggero e arioso, offrono un'ampia gamma di opzioni per diversi tipi di abiti formali. La seta ha anche il vantaggio di essere incredibilmente versatile in termini di colori e stampe, permettendo di creare abiti che catturano l'attenzione e lasciano un'impressione duratura.

Il lino, tradizionalmente considerato più casual, sta guadagnando popolarità nelle occasioni formali estive grazie alla sua leggerezza e traspirabilità. Abiti e completi in lino possono offrire un'alternativa elegante e confortevole per matrimoni all'aperto, eventi aziendali o altre funzioni formali in ambienti caldi. La chiave sta nel scegliere lini di alta qualità che siano meno inclini a sgualcirsi, mantenendo un aspetto pulito e sofisticato.

Il broccato e il velluto, entrambi tessuti ricchi e testurizzati, sono scelte eccellenti per aggiungere un senso di lusso e profondità a un outfit formale. Il broccato, con i suoi intricati disegni sollevati, è perfetto per giacche da smoking, abiti da sera e accessori. Il velluto, d'altro canto, è ideale per abiti invernali, giacche da sera e pantaloni formali, offrendo una sensazione di calore e opulenza.

Inoltre, per gli eventi formali, è fondamentale considerare la vestibilità e la sartorialità dell'abbigliamento. Un abito ben tagliato in un tessuto di alta qualità non solo appare elegante, ma migliora anche la fiducia di chi lo indossa. La scelta del tessuto giusto, abbinata a una sartoria impeccabile, può fare la differenza in un evento formale, garantendo un look che sia allo stesso tempo raffinato e rappresentativo del proprio stile personale.

Occasioni Casual e Quotidiane:

Nell'ambito delle occasioni casual e quotidiane, la scelta dei tessuti gioca un ruolo cruciale nel garantire che l'abbigliamento sia non solo stilisticamente appropriato, ma anche pratico e confortevole per il quotidiano. In queste situazioni, dove il comfort e la facilità di manutenzione sono prioritari, i tessuti scelti dovrebbero essere in grado di sostenere l'usura quotidiana pur rimanendo freschi e piacevoli da indossare.

Il cotone si distingue come una delle scelte più versatili e affidabili per l'abbigliamento quotidiano. È un tessuto naturale che eccelle nella traspirabilità, rendendolo ideale per una vasta gamma di condizioni climatiche. In estate, il cotone leggero è una scelta eccellente per camicie, abiti e pantaloncini, fornendo sollievo dal calore e dall'umidità. Per i mesi più freddi, il cotone più pesante, come il flanella, offre calore e comfort. Inoltre, la resistenza e la facilità di lavaggio del cotone lo rendono particolarmente adatto per l'uso quotidiano.

Il denim, con la sua iconica reputazione nel mondo della moda casual, è un altro tessuto chiave per l'abbigliamento di tutti i giorni. Apprezzato per la sua durabilità e il suo stile senza tempo, il denim è perfetto per jeans, giacche e persino gonne. Si adatta bene con una varietà di abbinamenti, da look completamente casual a quelli leggermente più sofisticati, e si evolve esteticamente con l'usura, acquisendo carattere e personalità nel tempo.

Oltre a questi, altri tessuti come il jersey di cotone, la viscosa e il lyocell sono scelte popolari per l'abbigliamento casual. Sono leggeri, morbidi sulla pelle e offrono una grande libertà di movimento, il che li rende ideali per t-shirt, abiti casual e pantaloni confortevoli. Questi tessuti sono anche relativamente facili da curare, il che li rende pratici per l'uso quotidiano.

In definitiva, quando si tratta di occasioni casual e quotidiane, la scelta dei tessuti dovrebbe bilanciare stile e funzionalità. Tessuti come il cotone e il denim non solo forniscono comfort e durata, ma offrono anche la possibilità di esplorare vari stili e tendenze nella moda quotidiana. Scegliere i tessuti giusti per queste occasioni significa garantire che il tuo abbigliamento sia pratico, confortevole e adatto allo stile di vita attivo e variegato della vita di tutti i giorni.

Attività Sportive e Outdoor:

Nel contesto delle attività sportive e outdoor, la scelta del tessuto diventa essenziale per assicurare performance, comfort e durata. L'abbigliamento sportivo deve affrontare una varietà di sfide, dalle condizioni climatiche estreme alla necessità di supportare un'ampia gamma di movimenti. Pertanto, i tessuti utilizzati in questi contesti sono spesso all'avanguardia in termini di tecnologia e funzionalità.

Il nylon e il poliestere sono due dei tessuti più comunemente utilizzati nell'abbigliamento sportivo. Entrambi sono tessuti sintetici noti per la loro resistenza e durata. Il nylon, in particolare, è apprezzato per la sua eccezionale resistenza all'usura e alla trazione, il che lo rende ideale per attività outdoor come l'escursionismo e il ciclismo. È anche relativamente leggero e offre una certa resistenza all'acqua, il che è utile in condizioni meteorologiche variabili.

Il poliestere, d'altro canto, è particolarmente noto per le sue eccellenti proprietà di gestione dell'umidità. È in grado di allontanare il sudore dalla pelle, trasferendolo sulla superficie del tessuto dove può evaporare rapidamente. Questo "effetto traspirante" aiuta a mantenere il corpo asciutto e confortevole durante l'esercizio fisico, rendendolo una scelta frequente per i capi da corsa, da palestra e per altri abbigliamento sportivo.

L'aggiunta di spandex o elastan a questi tessuti è un'altra considerazione importante nell'abbigliamento sportivo. Questa fibra è notevolmente elastica e può estendersi fino a molte volte la sua lunghezza originale, per poi ritornare alla sua forma iniziale. Questa elasticità garantisce una vestibilità eccellente e una libertà di movimento senza pari, che è essenziale in molte attività sportive.

Altri tessuti innovativi che stanno guadagnando popolarità nell'abbigliamento sportivo includono materiali come il tessuto a rete traspirante, che offre una ventilazione superiore, e tessuti tecnologici che possono fornire protezione UV o proprietà antibatteriche.

Per le attività outdoor, oltre alla resistenza e alla gestione dell'umidità, può essere necessario considerare anche la protezione dagli elementi. Tessuti con proprietà impermeabili o resistenti al vento sono fondamentali per gli indumenti destinati a escursioni, alpinismo o altre attività all'aperto.

In sintesi, la scelta dei tessuti per l'abbigliamento sportivo e per le attività all'aperto richiede una considerazione attenta di una serie di fattori, tra cui resistenza, gestione dell'umidità, elasticità e protezione dagli elementi. Con l'innovazione continua nei materiali tessili, l'abbigliamento sportivo e outdoor sta diventando sempre più sofisticato, offrendo agli atleti e agli appassionati di outdoor le prestazioni e il comfort di cui hanno bisogno per eccellere nelle loro attività.

Climi Caldi:

In ambienti caldi o durante i mesi estivi, indossare tessuti adatti è fondamentale per mantenere il comfort e prevenire il surriscaldamento. La scelta dei materiali giusti può fare la differenza tra sentirsi soffocati e sudati o freschi e a proprio agio. I tessuti ideali per climi caldi e per l'estate sono quelli che combinano leggerezza, traspirabilità e capacità di assorbire l'umidità, contribuendo così a regolare la temperatura corporea e a mantenere la pelle asciutta.

Lino:

Il lino è uno dei tessuti più classici per il clima caldo. È estremamente traspirante e ha un'eccellente capacità di assorbire l'umidità, il che lo rende perfetto per giornate calde e umide. Il lino è anche noto per la sua resistenza e durata. Sebbene tenda a sgualcirsi facilmente, questa caratteristica è spesso accettata come parte del suo fascino naturale e casual.

Cotone Leggero:

Il cotone, in particolare nelle sue forme più leggere, è un altro tessuto ideale per il caldo. Tessuti come il cotone voile, il batiste o il chambray sono leggeri e permettono una buona circolazione dell'aria, aiutando a tenere il corpo fresco. Inoltre, il cotone è morbido sulla pelle, il che lo rende confortevole per un uso prolungato, ed è anche facile da lavare e da mantenere.

Rayon/Viscosa:

Il rayon o la viscosa, ottenuti dalla cellulosa, sono scelte popolari per l'abbigliamento estivo grazie alla loro leggerezza e fluidità. Questi tessuti drappeggiano bene e offrono una sensazione di freschezza contro la pelle, anche se non sono efficaci come il lino o il cotone nel gestire l'umidità.

Seersucker e Tessuti Tessuti:

Il seersucker è un tessuto di cotone che presenta una texture arricciata, che aiuta a tenere il materiale lontano dalla pelle, aumentando la circolazione dell'aria e riducendo l'aderenza. Altri tessuti tessuti, come quelli con trame a maglia larga o lavorazione a rete, possono anche essere buone scelte per il clima caldo per la loro capacità di lasciare passare l'aria.

Tessuti Misti:

Alcuni tessuti misti che combinano fibre naturali con fibre sintetiche possono offrire i benefici della traspirabilità e della leggerezza insieme a una maggiore resistenza ai pieghe e una facile manutenzione.

Quando si sceglie l'abbigliamento per climi caldi, oltre a considerare il tipo di tessuto, è importante anche pensare al colore e al taglio dei capi. Colori chiari riflettono la luce solare piuttosto che assorbirla, contribuendo a mantenere il corpo più fresco. Stili allentati e fluttuanti, che permettono una maggiore circolazione dell'aria attorno al corpo, sono anche scelte pratiche per mantenere la freschezza.

In conclusione, indossare i tessuti giusti nei climi caldi è essenziale per rimanere comodi, freschi e asciutti. Scegliendo materiali come il lino, il cotone leggero e la rayon, e optando per colori chiari e tagli rilassati, è possibile godere appieno delle attività estive mantenendo uno stile elegante e confortevole.

Climi Freddi:

Durante i mesi più freddi, è essenziale selezionare tessuti che non solo forniscano calore e comfort, ma che siano anche in grado di proteggere dalle intemperie. In climi freddi, i tessuti che si scelgono per l'abbigliamento devono essere capaci di trattenere il calore corporeo, offrire una buona isolazione e, idealmente, gestire l'umidità per mantenere il corpo asciutto. Tessuti come la lana e il cachemire sono tra le scelte più apprezzate per la loro combinazione di calore, stile e comfort.

Lana:

La lana è un tessuto estremamente versatile e funzionale per il clima freddo. È naturalmente isolante e in grado di trattenere il calore corporeo, il che la rende perfetta per maglioni, cappotti, sciarpe e guanti. La lana ha anche la capacità di assorbire l'umidità, mantenendo il corpo asciutto e confortevole. Le varietà di lana includono la lana merino, la lana di alpaca e il mohair, ciascuna con le sue caratteristiche uniche in termini di texture, peso e calore.

Lana Merino:

La lana merino è particolarmente apprezzata per la sua finezza e morbidezza, che la rende ideale per indumenti a contatto diretto con la pelle, come maglioni leggeri e intimo termico. È meno pruriginosa rispetto ad altre lane e ha eccellenti proprietà di regolazione della temperatura, rendendola adatta per strati sia interni che esterni.

Cachemire:

Il cachemire è noto per la sua straordinaria morbidezza e lusso. È più leggero della lana tradizionale ma offre un isolamento superiore, rendendolo una scelta eccellente per maglioni di alta qualità, sciarpe e berretti. Nonostante il suo prezzo più elevato, il cachemire è un investimento prezioso per la sua durata e il comfort che offre.

Flanella e Tweed:

La flanella, un tessuto di lana o cotone leggermente peloso, è un'altra scelta popolare per il clima freddo. È calda e morbida, ideale per camicie casual e pigiami. Il tweed, un tessuto di lana spesso e resistente, è adatto per capispalla e pantaloni, fornendo sia calore sia durabilità.

Tessuti Sintetici e Miste:

I tessuti sintetici come il poliestere possono essere utilizzati in abbigliamento invernale, spesso come parte di tessuti misti, per aumentare la resistenza all'acqua e al vento. Molti capispalla moderni includono un mix di materiali sintetici e naturali per massimizzare calore, leggerezza e protezione dagli elementi.

Layering con Tessuti Diversi:

Nel vestire per il clima freddo, il layering è una strategia efficace. Combinare diversi strati di tessuti può fornire non solo isolamento aggiuntivo, ma anche versatilità, permettendo di adattarsi a variazioni di temperatura durante il giorno.

In conclusione, la scelta dei tessuti adatti per i climi freddi è fondamentale per rimanere caldi, asciutti e a proprio agio. Investire in tessuti di qualità come la lana, il cachemire e le miscele tecniche può migliorare significativamente l'esperienza di vestirsi durante l'inverno, permettendo di affrontare il freddo con stile e comfort.

Tipi di Corpo e Vestibilità:

La scelta del tessuto in relazione al tipo di corpo e alla vestibilità è un aspetto fondamentale nella creazione di un outfit che non solo si adatta bene, ma che valorizza anche la figura di chi lo indossa. Ogni tipo di corpo ha le sue caratteristiche uniche, e comprendere come diversi tessuti possano esaltare o minimizzare certe aree può fare una grande differenza nell'aspetto complessivo di un abbigliamento.

Figure Curve:

Per chi ha una figura più curva, i tessuti che drappeggiano naturalmente e fluiscono lungo il corpo possono essere particolarmente lusinghieri. Tessuti come il chiffon, la seta leggera, o il jersey hanno una caduta morbida che segue le linee del corpo senza aderire troppo strettamente. Questi materiali possono avvolgere delicatamente le curve, enfatizzandole in modo sottile e sofisticato. Evitare tessuti troppo rigidi o pesanti che potrebbero aggiungere volume non desiderato o che non si adattano bene alle curve.

Figure Minute o Sottili:

Per chi ha una figura più sottile o minute, i tessuti con più struttura o texture possono essere vantaggiosi. Tessuti come il tweed, il cotone spesso, o anche tessuti con una certa rigidità come alcuni tipi di denim, possono aggiungere volume e definizione là dove è necessario. Questi tessuti possono aiutare a creare l'illusione di curve più pronunciate o di più struttura nel fisico.

Figure Alte e Snelle:

Per le figure alte e snelle, sperimentare con una varietà di tessuti può essere una scelta eccellente. Tessuti leggeri e fluttuanti possono aggiungere movimento e morbidezza, mentre tessuti più pesanti o con una certa texture possono aggiungere interesse visivo e sostanza all'outfit.

Figure con Forme Generose:

Per chi ha una figura con forme più generose, scegliere tessuti che offrano una buona struttura senza essere troppo rigidi è ideale. Tessuti che offrono un certo grado di stretch, come un misto di cotone e elastan, possono fornire comfort e una vestibilità che valorizza la figura.

Considerare la Vestibilità e il Comfort:

Indipendentemente dal tipo di corpo, è fondamentale che il tessuto scelto sia confortevole e si adatti bene. Un tessuto che non si adatta correttamente può compromettere sia l'aspetto che il comfort dell'outfit.

Adattabilità per Diverse Occasioni:

È anche importante considerare come un tessuto può adattarsi a diverse occasioni. Ad esempio, un tessuto più formale potrebbe essere più adatto per l'ufficio o eventi formali, mentre un tessuto più casual e rilassato potrebbe essere ideale per il tempo libero.

In conclusione, la scelta del tessuto in relazione al tipo di corpo e alla vestibilità richiede un'attenta considerazione delle proprie proporzioni e preferenze personali. Sperimentare con diversi tessuti e capire come ciascuno può valorizzare diverse figure è fondamentale per creare un guardaroba che non solo appaia fantastico, ma che faccia anche sentire a proprio agio e sicuri in ogni occasione.

Comfort e Preferenze Personali:

Oltre a considerare l'aspetto estetico, è fondamentale scegliere tessuti che ti facciano sentire a tuo agio. La sensibilità della pelle, le preferenze personali e il comfort generale sono tutti aspetti importanti da considerare nella scelta del tessuto.

In conclusione, la selezione del tessuto giusto in base all'occasione e al tipo di corpo è una combinazione di funzionalità, estetica e comfort personale. Comprendere le proprietà e le qualità di diversi tessuti ti permetterà di fare scelte più informate e di creare outfit che non solo sembrano fantastici, ma si adattano anche perfettamente alle tue esigenze e al tuo stile di vita.

DOMANDE FREQUENTI: QUALI TESSUTI SONO MIGLIORI PER LE DIVERSE STAGIONI?

La scelta del tessuto giusto in base alla stagione è un aspetto fondamentale per garantire comfort, praticità e adattabilità alle condizioni climatiche. Ogni stagione ha le sue peculiarità che influenzano quale tessuto sia il più adatto. Ecco una guida su quali tessuti sono generalmente considerati i migliori per le diverse stagioni:

Primavera:

La primavera è caratterizzata da temperature variabili e un clima imprevedibile. Tessuti leggeri ma che offrono una certa protezione sono ideali.

- **Cotone**: Traspirante e confortevole, è adatto per la variabilità della primavera.

- **Lino**: Offre freschezza nei giorni più caldi, ma può essere stratificato per il freddo.

- **Misti Lana Leggeri**: Per le giornate più fresche, i tessuti in misto lana leggera offrono calore senza soffocare.

Estate:

Durante l'estate, i tessuti leggeri e traspiranti sono essenziali per rimanere freschi.

- **Lino e Cotone Leggero**: Ottimi per il loro potere di assorbire l'umidità e mantenere la pelle fresca.

- **Rayon/Viscosa**: Buona per la sua leggerezza e capacità di far evaporare il sudore.

- **Seersucker**: La sua texture arricciata tiene il tessuto lontano dalla pelle, aumentando la circolazione dell'aria.

Autunno:

L'autunno richiede tessuti che possano adattarsi a un clima più fresco e a variazioni di temperatura.

- **Tweed e Flanella**: Forniscono calore e sono perfetti per il clima autunnale.

- **Denim e Cotone Spesso**: Offrono un buon equilibrio tra calore e traspirabilità.

-**Maglia Leggera**: Maglioni e cardigan possono essere facilmente stratificati per adattarsi a temperature variabili.

Inverno:

In inverno, è essenziale scegliere tessuti che trattenano il calore.

- **Lana e Cachemire**: Offrono un eccellente isolamento termico.

- **Velluto e Tweed Pesanti**: Sono ideali per i capispalla, data la loro densità e capacità di bloccare il vento.

- **Tessuti Tecnici Isolanti**: Molti capispalla invernali moderni utilizzano tessuti sintetici avanzati che offrono calore senza il peso dei tessuti tradizionali.

Ricordati che la scelta del tessuto deve anche considerare il comfort personale e la sensibilità individuale. Alcune persone possono trovare determinati tessuti più confortevoli o più adatti al loro stile personale rispetto ad altri. Inoltre, la stratificazione di diversi tessuti può aiutare a navigare le variazioni di temperatura che si verificano all'interno di una stessa stagione.

MITI DA SFATARE: I TESSUTI PIÙ COSTOSI SONO SEMPRE I MIGLIORI

Il mito che i tessuti più costosi siano sempre i migliori è una concezione diffusa, ma non sempre corrisponde alla realtà. Mentre è vero che la qualità spesso si paga, il prezzo non è l'unico indicatore della superiorità di un tessuto. Ecco alcuni punti chiave per sfatare questo mito:

Qualità vs. Branding:

Molti tessuti costosi hanno prezzi elevati a causa del branding o del designer associato piuttosto che per la qualità intrinseca del materiale. Un tessuto prodotto da un marchio di lusso può avere un prezzo più alto rispetto a uno simile offerto da un marchio meno noto, nonostante la qualità sia comparabile.

Costo di Produzione vs. Performance:

Alcuni tessuti sono costosi a causa del loro processo di produzione complesso o della rarità delle materie prime. Tuttavia, ciò non implica automaticamente che siano più performanti o più adatti a tutte le occasioni rispetto a tessuti meno costosi. Ad esempio, il cachemire è noto per la sua morbidezza e calore, ma per alcune attività o condizioni climatiche, la lana merino o persino un sintetico avanzato potrebbe essere una scelta migliore.

Durabilità e Manutenzione:

Alcuni tessuti costosi, come sete fini o tessuti con ricami delicati, possono richiedere una cura più attenta e potrebbero non essere così durevoli come tessuti meno costosi e più robusti. Per l'uso quotidiano o per capi che richiedono una manutenzione semplice, tessuti meno costosi possono essere più pratici e convenienti.

Comfort Personale e Preferenze:

Il comfort e le preferenze personali giocano un ruolo fondamentale nella scelta dei tessuti. Un tessuto meno costoso che si adatta bene e si sente confortevole sulla pelle può essere una scelta migliore rispetto a un'opzione più costosa che non soddisfa le stesse esigenze personali.

Sostenibilità ed Etica:

In alcuni casi, tessuti meno costosi possono essere prodotti in modo più sostenibile o etico rispetto a quelli di lusso. La crescente attenzione ai tessuti ecologici e alla produzione etica sta cambiando il modo in cui valutiamo la qualità e il valore dei tessuti.

In conclusione, mentre i tessuti costosi possono offrire certi benefici come esclusività, finitura raffinata o un particolare prestigio associato al marchio, non sono automaticamente i migliori per ogni situazione o per ogni persona. La scelta dei tessuti dovrebbe essere basata su una varietà di fattori, tra cui la qualità, la funzionalità, il comfort, la durabilità e le preferenze personali, piuttosto che solo sul prezzo.

CARATTERISTICHE FIGURA UMANA

Nel mondo della moda e dello stile personale, una comprensione approfondita delle caratteristiche della figura umana è fondamentale per creare outfit che non solo siano esteticamente piacevoli, ma che valorizzino anche ogni individuo nella sua unicità. Ogni persona ha un tipo di corpo distinto, con proprie proporzioni e caratteristiche, che possono essere esaltate o armonizzate attraverso scelte consapevoli nell'abbigliamento.

La figura umana può essere classificata in diverse tipologie, ciascuna con le sue specificità. Queste categorie sono utili come linee guida per comprendere meglio come i diversi stili di abbigliamento possano adattarsi o esaltare varie forme del corpo. Ecco una panoramica generale di alcune delle tipologie più comuni:

Tipo a Clessidra:

Caratterizzato da spalle e fianchi all'incirca della stessa larghezza e una vita definita. Questo tipo di corpo è considerato proporzionalmente equilibrato.

Tipo a Triangolo o "Pera":

Distinto da fianchi più larghi rispetto alle spalle e al torace. La parte inferiore del corpo è più prominente rispetto alla parte superiore.

Tipo a Triangolo Inverso:

Questo tipo di corpo presenta spalle più larghe rispetto ai fianchi. La parte superiore del corpo è più dominante, mentre la parte inferiore è relativamente più stretta.

Tipo a Rettangolo:

Caratterizzato da spalle, vita e fianchi all'incirca della stessa larghezza, dando un'impressione più diritta e meno curva.

Tipo a Ovale o "Mela":

Identificato da una parte centrale del corpo più ampia rispetto a spalle e fianchi. La zona della vita è meno definita.

Comprendere il proprio tipo di corpo è il primo passo per scegliere abiti che non solo si adattano bene, ma che valorizzino anche le tue caratteristiche naturali. È importante notare che queste categorie sono semplificazioni e che ogni individuo ha caratteristiche uniche che potrebbero non adattarsi perfettamente in una singola categoria. Inoltre, la moda non è solo una questione di adattarsi a determinate regole; è anche un'espressione personale e un modo per esplorare e giocare con diverse forme e stili.

Nelle sezioni successive, approfondiremo specifiche guide su come vestire diversi tipi di corpo, fornendo consigli su come valorizzare le proprie caratteristiche uniche e su come utilizzare l'abbigliamento per creare un equilibrio visivo. Inoltre, sfateremo alcuni miti comuni sui tipi di corpo e l'abbigliamento, ribadendo che la moda è per tutti e che ogni persona può esprimersi liberamente attraverso lo stile.

GUIDA SU COME VESTIRE DIVERSI TIPI DI CORPO

La guida su come vestire diversi tipi di corpo è un elemento cruciale per chiunque si occupi di moda, in particolare per i personal shopper. Questa conoscenza permette di scegliere abiti che non solo si adattano perfettamente, ma che esaltano anche le caratteristiche individuali di ogni cliente. Ecco una guida dettagliata per vestire diversi tipi di corpo:

Tipo a Clessidra:

Il tipo di corpo a clessidra è considerato uno dei più proporzionati e armoniosi, con una vita ben definita e spalle e fianchi approssimativamente della stessa larghezza. Ecco alcuni consigli dettagliati per valorizzare al meglio questo tipo di figura:

Vestiti e Top:

- **Vestiti avvitati o con taglio a impero**: Questi modelli enfatizzano la vita sottile e fluiscono elegantemente sui fianchi, mettendo in risalto le curve naturali.

- **Bluse e top con cinture o fasce in vita**: Questi elementi accentuano ulteriormente la vita, creando un punto focale che esalta le proporzioni naturali.

- **Scollature**: Scegliere scollature che valorizzino il busto, come scollature a V, a cuore o avvolgenti, che possono aggiungere un tocco femminile e sofisticato all'outfit.

Pantaloni e Gonne:

- **Jeans e pantaloni a vita alta:** Aiutano a definire la vita e a sottolineare la forma a clessidra, in particolare se abbinati a top infilati all'interno.

- **Gonne a matita**: Seguono le curve del corpo, sottolineando le linee femminili e creando un look elegante e professionale.

- **Gonne a ruota o a campana**: Possono bilanciare la figura e aggiungere un tocco giocoso, mantenendo la definizione in vita.

Giacche e Blazer:

- **Blazer e giacche sagomati**: Che seguono la linea della vita, sono ideali per mantenere l'equilibrio delle proporzioni e valorizzare la figura.

- **Giacche con cintura o leggermente avvitate sulla vita**: Questi stili possono enfatizzare ulteriormente la forma a clessidra.

Stoffe e Tessuti:

- **Tessuti che cadono naturalmente e drappeggiano bene**: Come la seta, il rayon e il jersey leggero, possono accentuare le curve senza aggiungere volume eccessivo.

Accessori:

- **Cinture e fasce:** Sono ottimi per enfatizzare ulteriormente la vita. Scegliere cinture di medie dimensioni per creare un equilibrio visivo.

- **Collane e sciarpe**: Possono essere utilizzate per dirigere l'attenzione verso il viso e il busto, equilibrando l'outfit.

Evitare:

- **Abiti e top eccessivamente larghi**: Questi possono nascondere la definizione della vita e alterare l'equilibrio delle proporzioni naturali.

- **Tessuti troppo rigidi o voluminosi**: Possono aggiungere massa in aree non desiderate, mascherando la silhouette naturale.

Ricorda che, mentre questi suggerimenti sono pensati per valorizzare il tipo di corpo a clessidra, la moda è anche un'espressione di personalità individuale. Quindi, è importante scegliere abiti che non solo valorizzino la figura, ma che riflettano anche il tuo stile personale e ti facciano sentire a tuo agio e sicuro.

Tipo a Triangolo o "Pera":

Per il tipo di corpo a triangolo o "pera", che si caratterizza per fianchi più larghi rispetto alle spalle e al busto, l'obiettivo nell'abbigliamento è di bilanciare visivamente la figura mettendo in risalto la parte superiore del corpo e armonizzando la parte inferiore. Ecco alcuni suggerimenti dettagliati:

Top e Bluse:

Colori e Stampe: Scegliere top in colori vivaci, stampe audaci o dettagli decorativi come ruches, colletti elaborati o paillettes. Questi elementi attirano l'attenzione verso la parte superiore del corpo.

- **Scollature**: Optare per scollature che allargano visivamente le spalle, come scollature a barchetta, a V o off-shoulder.

- **Top con Volume o Struttura**: Bluse o maglie con dettagli come maniche a sbuffo, ruches o strati possono aggiungere volume al busto, bilanciando i fianchi.

Giacche e Blazer:

- **Struttura**: Blazer e giacche ben strutturate, specialmente quelli con spalline leggere o dettagli sugli spalle, possono aiutare a creare l'illusione di spalle più larghe, equilibrando così i fianchi più ampi.

- **Lunghezza**: Giacche che terminano appena sopra o al centro dei fianchi sono ideali, poiché aiutano a definire la vita senza aggiungere volume ai fianchi.

Pantaloni e Gonne:

- **Tagli Dritti e A-Line**: Scegliere gonne che cadono dritti dai fianchi o gonne a campana per minimizzare la larghezza dei fianchi. Evitare gonne troppo attillate o con troppo volume nella parte inferiore.

- **Pantaloni a Gamba Dritta o Bootcut**: Questi stili possono aiutare a bilanciare la larghezza dei fianchi. Evitare pantaloni troppo aderenti o con dettagli vistosi sui fianchi.

Accessori:

- **Collane e Sciarpe Voluminose**: Accessori vistosi attorno al collo possono attirare l'attenzione verso l'alto.

- **Borse a Spalla o Clutch**: Portare borse che si posizionano sulla parte superiore del corpo, piuttosto che a livello dei fianchi.

Tessuti e Texture:

- **Parte Superiore**: Tessuti con una certa struttura o dettaglio visivo possono aggiungere interesse. Evitare tessuti troppo aderenti o sottili.

- **Parte Inferiore**: Optare per tessuti più fluidi e cadenti che non aggiungano volume extra ai fianchi.

Evitare

- **Dettagli Voluminosi sui Fianchi**: Tasche applicate, ruches, orli orizzontali o stampe grandi sui fianchi possono accentuare ulteriormente la larghezza.

- **Gonne Troppo Corte o Strette**: Queste possono esagerare la disparità tra la parte superiore e inferiore del corpo.

Ricordando sempre che queste sono linee guida generali, è importante scegliere capi che non solo valorizzino la figura, ma che rispecchino anche il gusto personale e il comfort. La moda dovrebbe essere un modo per esprimere la propria personalità, quindi è essenziale trovare un equilibrio tra le raccomandazioni stilistiche e il proprio stile individuale.

Tipo a Triangolo Inverso:

Per il tipo di corpo a triangolo inverso, caratterizzato da spalle larghe e fianchi relativamente stretti, l'obiettivo nell'abbigliamento è di creare un equilibrio visivo tra la parte superiore e inferiore del corpo. Questo si può ottenere accentuando i fianchi e le gambe e minimizzando l'ampiezza delle spalle. Ecco alcuni consigli specifici per valorizzare al meglio questa tipologia di figura:

Top e Camicie:

- **Colori e Stile**: Optare per top in colori neutri o scuri, che tendono a minimizzare l'ampiezza delle spalle. Scegliere stili con tagli semplici e linee pulite che non aggiungano volume extra nella zona delle spalle.

- **Scollature**: Le scollature a V o a U possono aiutare a ridurre visivamente l'ampiezza delle spalle, dando un aspetto più equilibrato.

- **Evitare**: Maniche a sbuffo, ruches o qualsiasi dettaglio che possa aggiungere volume nella parte superiore del corpo.

Pantaloni e Gonne:

- **Dettagli e Colori**: Scegliere pantaloni o gonne con dettagli, colori chiari o stampe per attirare l'attenzione verso il basso. Questo aiuta a bilanciare la figura.

- **Gonne a Campana**: Queste gonne aggiungono volume ai fianchi, creando un equilibrio con le spalle larghe.

- **Pantaloni a Palazzo o a Gamba Larga**: Forniscono un contrasto con le spalle larghe e aggiungono volume alla parte inferiore del corpo.

Giacche e Blazer:

- **Taglio**: Scegliere giacche che siano attillate in vita e che si allarghino leggermente verso il basso per equilibrare le proporzioni.

- **Evitare**: Giacche con spalline imbottite o troppo strutturate che possono enfatizzare ulteriormente la larghezza delle spalle.

Accessori:

- **Cinture**: Usare cinture per enfatizzare la vita e aggiungere curva alla figura.

- **Borse a Tracolla o Clutch**: Evitare borse che si appendono sulla spalla, preferendo invece clutch o borse a tracolla che cadono a livello dei fianchi.

Tessuti e Texture:

- **Parte Inferiore**: Tessuti con una certa struttura o volume, come tessuti pieghettati o a maglia grossa, possono essere utili per aggiungere volume ai fianchi.

- **Parte Superiore**: Scegliere tessuti morbidi e drappeggianti che non aggiungano volume extra alle spalle.

Scarpe:

- **Stile**: Scarpe con dettagli o colori vivaci possono attirare l'attenzione verso il basso, aiutando a bilanciare la figura.

Come per ogni tipo di corpo, la chiave è sperimentare con diversi stili e trovare quello che non solo valorizza la figura, ma che rispecchia anche il proprio gusto personale. La moda dovrebbe essere un'espressione di sé, quindi è importante vestire in modo che ci si senta a proprio agio e fiduciosi.

Tipo a Rettangolo:

Per il tipo di corpo a rettangolo, caratterizzato da spalle, vita e fianchi approssimativamente della stessa larghezza, l'obiettivo nell'abbigliamento è di creare l'illusione di curve e di definire la vita per rompere la linearità della silhouette. Ecco alcuni consigli dettagliati per valorizzare al meglio questa tipologia di figura:

Definizione della Vita:

- **Cinture e Fasce**: Utilizzare cinture o fasce per stringere la vita su abiti e top. Questo aiuta a creare una definizione e a dare l'illusione di una figura più curva.

- **Abiti con Dettagli in Vita**: Abiti che hanno dettagli come pieghe, drappeggi, cinture incorporate o tagli che enfatizzano la vita possono aiutare a creare un aspetto più curvilineo.

Creazione di Volume:

- **Top e Bluse**: Scegliere top con dettagli come ruches,

arricciature o maniche voluminose per aggiungere volume alla parte superiore del corpo.

- **Gonne e Pantaloni**: Optare per gonne a campana, a pieghe o pantaloni a palazzo per aggiungere volume e movimento alla parte inferiore del corpo.

Strati e Texture:

- **Stratificazione**: Utilizzare la stratificazione di diversi capi per aggiungere interesse visivo e profondità. Ad esempio, un cardigan o una giacca leggera sopra una camicia può creare una silhouette più dinamica.

- **Texture Diverse**: Sperimentare con tessuti di diverse texture e pesi. Tessuti come il tweed, il velluto o il tricot possono aggiungere un elemento visivo interessante.

Abiti con Peplum:

- **Peplum**: Gli abiti o le bluse con peplum aggiungono volume attorno ai fianchi, creando l'illusione di curve maggiori.

Accessori:

- **Sciarpe e Collane**: Utilizzare accessori come sciarpe lunghe o collane statement per aggiungere un punto focale e per spezzare la linearità del corpo.

Linee e Tagli degli Abiti:

- **Abiti Avvitati**: Scegliere abiti con un taglio avvitato o con cuciture che simulano curve può essere utile per creare l'illusione di una figura più sinuosa.

Evitare:

- **Abiti e Top Troppo Aderenti**: Questi possono enfatizzare la mancanza di curve naturali. Meglio optare per capi che creano volume e interesse visivo.

Questi suggerimenti sono pensati per aiutare a valorizzare e a esaltare il tipo di corpo a rettangolo. Tuttavia, è importante ricordare che le regole della moda sono flessibili e che l'espressione personale e il comfort dovrebbero essere sempre prioritari. Sperimentare con diversi stili e trovare ciò che funziona meglio per la propria personalità e il proprio comfort è essenziale per creare un look che sia sia lusinghiero sia fedele a se stessi.

Tipo a Ovale o "Mela":

Per il tipo di corpo a ovale o "mela", che si caratterizza per una parte centrale più ampia rispetto a spalle e fianchi, l'obiettivo principale nell'abbigliamento è di minimizzare la larghezza attorno alla zona della vita e di valorizzare altre parti del corpo come le spalle e le gambe. Ecco alcuni consigli su come vestire al meglio questa tipologia di figura:

Top e Bluse:

- **Scollature**: Le scollature a V o a U sono ideali perché aiutano ad allungare visivamente il collo e a ridurre l'ampiezza del busto. Questo tipo di scollatura può anche attirare l'attenzione verso il viso.

- **Lunghezza**: Top che terminano appena sotto la linea dell'anca possono aiutare a creare una silhouette più allungata.

- **Tagli Fluttuanti**: Top che cadono liberamente sulla parte centrale del corpo, senza aderire troppo, possono mascherare la larghezza e creare una linea più fluida.

Pantaloni e Gonne:

- **Pantaloni a Gamba Dritta o Leggermente Affusolati:** Questi stili possono aiutare a equilibrare la figura, in particolare se scelti in colori scuri o in tessuti fluidi.

- **Gonne Linea A:** Le gonne che si allargano dolcemente dai fianchi possono bilanciare la parte superiore del corpo.

- **Evitare:** Pantaloni o gonne con dettagli voluminosi nella zona della vita, come grandi tasche o cinture decorative, che possono aggiungere volume indesiderato.

Abiti:

- **Abiti Impero o con Vita Alta:** Questi abiti possono aiutare a sollevare l'attenzione dalla parte centrale e a creare una linea più allungata.

- **Abiti Drappeggiati:** I tessuti che drappeggiano possono essere lusinghieri, in particolare se il drappeggio parte dalla parte superiore del corpo.

Giacche e Blazer:

- **Tagli Aperti e Fluttuanti:** Giacche e blazer che non sono troppo strutturati possono aggiungere struttura senza aggiungere volume alla parte centrale del corpo.

- **Lunghezza:** Le giacche che terminano intorno ai fianchi o appena sopra possono essere più lusinghiere rispetto a quelle più corte o più lunghe.

Accessori:

- **Collane Lunghe e Sciarpe**: Possono aiutare a creare linee verticali che allungano il corpo.

- **Borse a Tracolla**: Posizionare la borsa in modo che cada lateralmente può aiutare a bilanciare la figura.

Tessuti e Texture:

- **Tessuti Morbidi e Fluidi**: Sono preferibili ai tessuti rigidi, in quanto cadono meglio sul corpo e minimizzano l'accentuazione della larghezza.

Evitare:

- **Tessuti Troppo Stretti o Adesivi**: Che possono evidenziare la parte centrale del corpo.

- **Stampe Grandi e Voluminose**: Sulla parte centrale del corpo, che possono aggiungere visivamente volume.

Questi consigli sono pensati per aiutare chi ha un tipo di corpo a ovale o "mela" a sentirsi a proprio agio e fiducioso nel proprio stile, valorizzando le proprie caratteristiche migliori. Tuttavia, è fondamentale ricordare che l'abbigliamento dovrebbe riflettere il proprio stile personale e il comfort, oltre a seguire qualsiasi consiglio di styling.

Consigli Generali

- **Tessuti**: Scegliere tessuti che lavorino a favore del tuo tipo di corpo. Tessuti fluidi e drappeggiati possono essere lusinghieri per alcuni, mentre altri potrebbero beneficiare di tessuti più strutturati.

- **Colori e Stampe**: Utilizzare colori e stampe per attirare l'attenzione sulle tue migliori caratteristiche. Colori scuri tendono a snellire, mentre colori chiari e stampe vivaci possono enfatizzare.

In ogni caso, il più importante è che l'individuo si senta a proprio agio e fiducioso nei propri abiti. Queste linee guida sono intese come punto di partenza per esplorare e sperimentare con la moda. È essenziale ricordare che le regole della moda sono flessibili e che l'espressione personale e il comfort dovrebbero sempre essere prioritari.

CONSIGLI SU VALORIZZAZIONE E CAMOUFLAGE

Valorizzare e camuffare certe caratteristiche del corpo attraverso l'abbigliamento è una tecnica fondamentale per chiunque voglia esprimere al meglio il proprio stile personale, sentendosi al contempo a proprio agio e sicuro. Ecco alcuni consigli su come valorizzare i punti di forza e camuffare le aree che si desidera minimizzare:

Valorizzazione:

- **Punti di Forza**: Identifica i tuoi punti di forza. Questo potrebbe essere il collo, le spalle, la vita, le gambe o qualsiasi altra area che ti piace di più. Utilizza abiti che attirino l'attenzione su queste aree.

- **Colori e Stampe**: Usa colori vivaci e stampe interessanti per attirare l'attenzione sulle tue migliori caratteristiche. Per esempio, se vuoi valorizzare il tuo busto, potresti indossare una camicia con una stampa accattivante.

- **Tagli e Silhouette**: Scegli tagli che esaltino le tue caratteristiche. Ad esempio, se hai una vita sottile, enfatizzala con cinture o abiti che si stringono in questo punto.

Camouflage:

- **Minimizzare Aree Specifiche**: Se ci sono aree del tuo corpo che preferisci minimizzare, utilizza colori scuri, tagli semplici e tessuti che non aderiscono troppo per quelle zone.

- **Equilibrio e Proporzione**: Crea equilibrio e proporzioni con i tuoi abiti. Se hai spalle larghe, ad esempio, equilibra la silhouette con gonne a campana o pantaloni a palazzo.

- **Layering e Texture**: Usa il layering (stratificazione) e diverse texture per camuffare aree come l'addome o i fianchi. Un cardigan lungo o una giacca aperta possono essere molto utili in questo senso.

Uso degli Accessori:

- **Accessori per Distrarre**: Utilizza accessori per distrarre da aree che preferisci non enfatizzare. Ad esempio, collane vistose o sciarpe possono attirare l'attenzione sul tuo viso e lontano dalla parte centrale del corpo.

- **Borse e Scarpe**: Le borse e le scarpe possono essere usate per bilanciare la figura. Ad esempio, se vuoi aggiungere volume nella parte inferiore del corpo, prova a indossare scarpe con dettagli vistosi.

Scelta dei Tessuti:

- **Tessuti Fluidi per Camuffare**: Tessuti morbidi e fluidi possono drappeggiare elegantemente, nascondendo le aree che non vuoi mettere in risalto.

- **Tessuti Strutturati per Valorizzare**: Tessuti con una certa struttura possono aiutare a valorizzare le aree del corpo che vuoi enfatizzare.

Fitting e Adattamenti:

- **Fitting Perfetto:** Assicurati che i tuoi abiti abbiano il fitting perfetto. Un abito che si adatta bene può fare una grande differenza nel modo in cui valorizzi o camuffi determinate aree del corpo.

Ricorda, questi sono consigli generali e ogni persona è unica. È importante sperimentare con diversi stili e capi per trovare ciò che funziona meglio per te, tenendo sempre presente che l'abbigliamento dovrebbe riflettere la tua personalità e farti sentire a tuo agio e sicuro.

DOMANDE FREQUENTI: COME POSSO SCEGLIERE I VESTITI ADATTI AL MIO TIPO DI CORPO?

Scegliere i vestiti adatti al proprio tipo di corpo è una domanda frequente e importante. Ecco alcuni passaggi chiave e considerazioni da tenere a mente per aiutarti a fare scelte di moda che valorizzino la tua figura:

Conosci il Tuo Tipo di Corpo:

- Prima di tutto, è importante identificare il tuo tipo di corpo. Osserva le proporzioni tra spalle, vita e fianchi. I tipi di corpo comuni includono clessidra, pera, triangolo inverso, rettangolo e mela.

Valorizza i Tuoi Punti di Forza:

- Identifica le aree del tuo corpo che vuoi enfatizzare. Puoi avere spalle ben formate, una vita sottile, gambe lunghe, ecc. Scegli abiti che mettano in risalto questi punti di forza.

Bilancia le Proporzioni:

- Se il tuo obiettivo è creare un equilibrio visivo, scegli abiti che aiutino a bilanciare le proporzioni del tuo corpo. Per esempio, se hai una figura a pera, puoi bilanciare i fianchi più larghi con top luminosi o decorati.

Scegli Tessuti e Colori Appropriati:

- I tessuti possono avere un grande impatto su come un capo si adatta e cade sul corpo. Scegli tessuti che valorizzino la tua figura senza aggiungere volume indesiderato. Anche i colori possono giocare un ruolo importante; colori scuri tendono a snellire, mentre i colori chiari e le stampe possono attirare l'attenzione su aree specifiche.

Prova Diversi Stili e Tagli:

- Non esiste un'unica regola valida per tutti. È importante sperimentare con diversi stili e tagli per vedere cosa funziona meglio per te. Prova diverse silhouette, da quelle aderenti a quelle più fluide, per scoprire cosa ti fa sentire più a tuo agio e valorizzata.

Fitting e Adattamenti:

- Un buon fitting è fondamentale. Indipendentemente dal tuo tipo di corpo, gli abiti dovrebbero adattarsi bene e sentirsi comodi. Non esitare a fare piccole modifiche sartoriali per un fitting perfetto.

Stile Personale e Comfort:

- Infine, il tuo stile personale e il comfort sono i più importanti. Scegli abiti che riflettano la tua personalità e ti facciano sentire sicura e a tuo agio.

Ricorda, la chiave è indossare ciò che ti fa sentire bene. La moda è un mezzo per esprimere te stessa, quindi scegli i vestiti che parlano della tua personalità unica.

MITI DA SFATARE: SOLO CERTI TIPI DI CORPO POSSONO INDOSSARE DETERMINATI STILI

Il mito che solo certi tipi di corpo possano indossare determinati stili è una concezione limitante e superata nella moda moderna. Questa idea implica che ci siano regole rigide su ciò che le persone possono o non possono indossare in base alla loro forma fisica, il che non solo è restrittivo ma ignora anche la diversità e l'unicità individuali. Ecco alcuni punti per sfatare questo mito:

Stile Personale Oltre alle "Regole":

- La moda è un'espressione di sé e dovrebbe essere divertente e liberatoria, non limitante. Ogni persona dovrebbe sentirsi libera di esplorare stili diversi indipendentemente dalla propria forma fisica.

Adattamento Piuttosto che Limitazione:

- Invece di limitarsi a certi stili, è possibile adattare vari stili per adattarli meglio al proprio corpo. Ciò può includere modifiche sartoriali o semplicemente scegliere tagli diversi dello stesso stile di abbigliamento.

Confidenza è Chiave:

- Spesso, quello che conta di più non è il tipo di corpo, ma come si indossa un capo. La confidenza nel portare un determinato stile può avere un impatto maggiore sull'aspetto complessivo rispetto alla forma fisica.

Evoluzione della Moda:

- La moda è in continua evoluzione e diventa sempre più

inclusiva. Ci sono state molte iniziative e movimenti nel mondo della moda che incoraggiano le persone a indossare ciò che amano, indipendentemente dalle loro dimensioni o forma fisica.

Sperimentazione e Esplorazione:

È importante sperimentare con diversi stili e trovare ciò che funziona meglio per te. La moda è un modo per esprimere la propria individualità e dovrebbe essere accessibile a tutti, indipendentemente dal tipo di corpo.

COME EFFETTUARE UNA CONSULENZA P.1 E P.2

Effettuare una consulenza di immagine richiede un approccio ben strutturato e personalizzato, che tenga conto delle esigenze, dei desideri e dello stile di vita del cliente. Ecco come procedere:

Parte 1: Preparazione e Valutazione Iniziale

Incontro Iniziale:

- Il primo passo è un incontro conoscitivo con il cliente. Questo può avvenire di persona o virtualmente. L'obiettivo è comprendere le esigenze, gli obiettivi e le aspettative del cliente.

Analisi dello Stile Attuale:

- Valuta lo stile attuale del cliente. Questo può includere un'analisi del guardaroba esistente, delle preferenze di stile e delle abitudini di acquisto.

Discussione degli Obiettivi:

- Parla degli obiettivi del cliente. Che si tratti di un aggiornamento del guardaroba, della preparazione per un evento specifico o della necessità di un cambiamento di immagine a causa di una nuova fase della vita.

Valutazione del Tipo di Corpo e dei Colori:

- Analizza il tipo di corpo del cliente e la palette di colori che più gli si addice. Questo aiuterà a scegliere i capi che valorizzano al meglio la sua figura.

Budget e Preferenze:

- Discuti del budget e delle preferenze di shopping. È importante stabilire un budget realistico che si adatti alle esigenze del cliente.

Parte 2: Pianificazione e Implementazione

Creazione di un Piano d'Azione:

- Basandoti sulle informazioni raccolte, crea un piano d'azione. Ciò potrebbe includere la pulizia del guardaroba, l'acquisto di nuovi capi, o il restyling degli abiti esistenti.

Shopping e Selezione dei Cap:

- In base al budget e allo stile del cliente, seleziona capi che si adattino ai suoi obiettivi. Questo può includere lo shopping personale o l'assistenza nello shopping online.

Prove e Adattamenti:

- Organizza delle sessioni di prova per assicurarti che i nuovi capi si adattino perfettamente. Potrebbero essere necessari alcuni adattamenti sartoriali.

Combinazione e Coordinazione:

- Aiuta il cliente a combinare i nuovi capi con quelli esistenti, creando outfit completi. Fornisci consigli su come mixare e abbinare per massimizzare il guardaroba.

Follow-up:

- Dopo l'implementazione del piano, organizza un follow-up con il cliente per valutare i risultati e apportare eventuali modifiche o aggiustamenti.

L'obiettivo di una consulenza di immagine è di lasciare il cliente con un senso di rinnovata fiducia e un guardaroba che rifletta veramente la sua personalità e il suo stile di vita.

PROCESSO DI CONSULENZA DAL PRINCIPIO ALLA FINE

Il processo di consulenza di immagine è un percorso strutturato che mira a trasformare e migliorare l'immagine personale del cliente. Questo processo può variare leggermente a seconda delle specifiche esigenze di ciascun cliente, ma in generale segue una sequenza logica dal principio alla fine:

Fase Iniziale: Consultazione e Valutazione

La fase iniziale di una consulenza di immagine è cruciale per stabilire una base solida per il successo futuro del processo. Questa fase consiste in due parti principali: la consultazione iniziale e l'analisi del guardaroba attuale.

Durante la consultazione iniziale, l'approccio personalizzato è essenziale. Ogni cliente ha obiettivi di immagine unici e preferenze di stile. Comprendere questi aspetti è fondamentale per una consulenza efficace. Il consulente dovrebbe porre domande mirate per ottenere una comprensione chiara delle aspettative del cliente, delle sue abitudini quotidiane, dei contesti in cui si muove abitualmente, e di quali aspetti del proprio stile desidera migliorare o cambiare. È anche importante discutere i gusti personali in termini di colori, tessuti e tagli preferiti, poiché questi dettagli forniscono indicazioni preziose su ciò in cui il cliente si sente a proprio agio e quali nuove direzioni possono essere esplorate.

L'analisi del guardaroba attuale implica una revisione dettagliata del guardaroba esistente del cliente. Si valutano pezzi specifici per la loro vestibilità, stile e frequenza con cui vengono indossati. Parte dell'analisi è identificare i punti di forza nel guardaroba attuale, come capi che il cliente ama e si sente bene indossando, che possono fungere da base per nuovi acquisti. È inoltre fondamentale riconoscere ciò che manca nel guardaroba o ciò che non è più in linea con gli obiettivi di immagine del cliente, come capi obsoleti, non più adatti o che non rispecchiano più lo stile o la vita attuale del cliente. In alcuni casi, può essere necessario declutterare il guardaroba, eliminando capi che non vengono più indossati o che non si adattano agli obiettivi di stile.

Questa fase iniziale è fondamentale per una trasformazione efficace e soddisfacente del guardaroba e dello stile del cliente, richiedendo un ascolto attento, osservazione e la capacità di creare una strategia personalizzata che si allinei con la visione e le esigenze individuali del cliente.

Pianificazione e Sviluppo del Piano

Nella fase di pianificazione e sviluppo del piano di una consulenza di immagine, il consulente e il cliente lavorano insieme per definire gli obiettivi specifici e creare un percorso d'azione che rispecchi le esigenze e le aspirazioni del cliente. Questo passaggio è fondamentale per assicurare che il risultato finale sia in linea con ciò che il cliente desidera e necessita.

Definizione degli Obiettivi:

La definizione degli obiettivi è un processo collaborativo. Il consulente guida il cliente nella riflessione su ciò che desidera ottenere dalla consulenza. Questo può variare notevolmente a seconda del cliente: alcuni potrebbero cercare un rinnovamento completo del guardaroba, mentre altri potrebbero focalizzarsi sull'ottimizzazione dell'abbigliamento per specifiche occasioni, come eventi aziendali, cerimonie o vita quotidiana.

È importante che questi obiettivi siano chiari, misurabili e realistici. Il consulente può aiutare il cliente a stabilire priorità e a distinguere tra obiettivi a breve e a lungo termine.

Piano d'Azione Personalizzato:

Una volta definiti gli obiettivi, il passo successivo è lo sviluppo di un piano d'azione personalizzato. Questo piano è un documento vivente e può essere adattato nel corso della consulenza in base al feedback del cliente e alle eventuali modifiche degli obiettivi.

Il piano può includere diversi elementi, come la pulizia e l'organizzazione del guardaroba esistente, che aiuta a fare spazio per nuovi capi e a riscoprire pezzi dimenticati che possono essere riutilizzati o adattati.

L'acquisto di nuovi capi è un altro aspetto cruciale del piano. Il consulente suggerisce pezzi che si adattano agli obiettivi di stile del cliente, considerando fattori come il budget, le preferenze personali, il tipo di corpo e le occasioni d'uso.

La combinazione di outfit è un elemento essenziale, in quanto aiuta il cliente a visualizzare come diversi pezzi possono essere abbinati per creare look diversi. Questo include il mixare e abbinare capi esistenti con nuovi acquisti per massimizzare la versatilità del guardaroba.

Consigli su colori e stili sono forniti per guidare il cliente verso scelte che valorizzino al meglio la sua immagine. Questo può includere la selezione di colori che esaltino il tono della pelle del cliente, nonché suggerimenti su stili e tagli che si adattino bene al suo tipo di corpo e al suo stile di vita.

In conclusione, la fase di pianificazione e sviluppo del piano è un processo dinamico e interattivo che pone le basi per una trasformazione efficace e personalizzata del guardaroba e dello stile del cliente.

Implementazione

La fase di implementazione in una consulenza di immagine è

quella in cui i piani e le strategie precedentemente stabiliti prendono vita attraverso azioni concrete. Questo stadio è essenziale per realizzare il cambiamento desiderato nell'immagine e nel guardaroba del cliente.

Shopping:

Lo shopping è un momento cruciale in cui vengono selezionati i capi che andranno a costituire il nuovo guardaroba del cliente. Questa attività può essere svolta in diversi modi. Alcuni consulenti preferiscono accompagnare personalmente i clienti nei negozi, offrendo una consulenza immediata su stile, vestibilità e combinazioni. In alternativa, soprattutto se il cliente ha limitazioni di tempo o preferenze per lo shopping online, il consulente può fornire suggerimenti e link per acquisti online, spesso selezionando direttamente articoli da siti web e rivenditori.

Durante lo shopping, è importante mantenere un occhio sul budget e assicurarsi che ogni acquisto sia in linea con gli obiettivi di stile prefissati. Il consulente deve equilibrare tra i desideri immediati del cliente e le necessità a lungo termine del suo guardaroba.

Adattamenti e Modifiche:

Un aspetto fondamentale è garantire che ogni nuovo capo abbia una vestibilità perfetta. Questo può richiedere modifiche sartoriali, specialmente per pezzi chiave come giacche, pantaloni o abiti formali. Il consulente può collaborare con sarti professionisti per apportare le modifiche necessarie, assicurando che ogni indumento si adatti splendidamente al corpo del cliente.

Questa attenzione ai dettagli non solo migliora l'aspetto dei capi ma contribuisce anche al comfort e alla fiducia del cliente.

Costruzione del Guardaroba:

L'obiettivo finale è aiutare il cliente a costruire un guardaroba funzionale, versatile e in linea con il suo stile di vita e i suoi obiettivi di immagine. Ciò include la selezione di capi che possano essere facilmente abbinati in diversi outfit, massimizzando l'utilizzo di ogni pezzo.

Un guardaroba ben pianificato dovrebbe permettere al cliente di creare facilmente outfit adatti a varie occasioni, riducendo lo stress nella scelta quotidiana di cosa indossare.

Il consulente può anche fornire suggerimenti su come mantenere e curare i nuovi capi, assicurando che restino in buone condizioni nel tempo.

In conclusione, la fase di implementazione è un mix di shopping strategico, personalizzazione attraverso adattamenti e la creazione attenta di un guardaroba che rifletta e valorizzi l'immagine personale del cliente. Questa fase richiede un'attenta pianificazione, attenzione ai dettagli e una buona dose di creatività.

Follow-Up e Valutazione

La fase di follow-up e valutazione è un elemento essenziale nella consulenza di immagine, poiché permette di verificare l'efficacia del lavoro svolto e di assicurare la completa soddisfazione del cliente. Questa fase è tanto importante quanto le precedenti, poiché consente di rifinire e perfezionare il percorso intrapreso.

Valutazione dei Risultati:

Dopo aver implementato il piano di azione e introdotto le modifiche al guardaroba, il passo successivo è valutare se gli obiettivi prefissati sono stati raggiunti. Questo include l'analisi di come i nuovi capi si adattano allo stile di vita del cliente, se rispecchiano la sua immagine personale e se hanno contribuito a migliorare la sua autostima e confidenza.

Una valutazione efficace può includere il confronto tra foto prima e dopo, discussioni sulle reazioni ricevute da amici e colleghi, e un'autovalutazione da parte del cliente su come si sente con il suo nuovo stile.

Follow-Up:

Gli incontri di follow-up sono fondamentali per mantenere una comunicazione aperta e costruttiva con il cliente. Questi incontri possono essere usati per discutere qualsiasi sfida incontrata dal cliente nell'adottare il suo nuovo stile o per risolvere dubbi su come abbinare i capi in modi diversi.

Durante questi incontri, il consulente può offrire ulteriori consigli e suggerimenti, e, se necessario, fare aggiustamenti al piano di azione. Ad esempio, potrebbero emergere nuove esigenze o preferenze che non erano state considerate inizialmente.

Questa fase è anche l'opportunità per pianificare eventuali passi futuri, come l'aggiornamento stagionale del guardaroba, sessioni di shopping aggiuntive o la pianificazione di outfit per eventi specifici.

Il follow-up e la valutazione non solo assicurano che i risultati siano all'altezza delle aspettative, ma rafforzano anche il rapporto di fiducia e collaborazione tra il consulente e il cliente. Questo approccio olistico garantisce che la consulenza di immagine abbia un impatto duraturo e positivo sul cliente, fornendo non solo un servizio, ma anche un'esperienza trasformativa e arricchente.

Supporto Continuo

Consigli Continuativi: Offrire supporto e consigli continui al cliente, aiutandolo a mantenere e aggiornare il suo guardaroba nel tempo.

L'obiettivo finale di una consulenza di immagine è di fornire al cliente gli strumenti e la fiducia per esprimere la propria personalità attraverso il proprio stile, garantendo che si senta a proprio agio e sicuro nel suo aspetto in ogni occasione.

TECNICHE DI COMUNICAZIONE CON I CLIENTI

Le tecniche di comunicazione con i clienti in una consulenza di immagine sono fondamentali per creare un rapporto di fiducia e comprensione, elementi chiave per il successo del processo di consulenza. Una comunicazione efficace non si limita solo a trasmettere informazioni, ma implica anche ascoltare, interpretare e rispondere alle esigenze e ai desideri del cliente. Ecco alcune tecniche chiave:

Ascolto Attivo:

- La capacità di ascoltare attivamente è cruciale. Ciò significa non solo sentire ciò che il cliente dice, ma anche comprendere i sentimenti e le intenzioni dietro le parole. Durante le consultazioni, è importante dare al cliente tutto il tempo di esprimere le sue preoccupazioni, i suoi desideri e le sue aspettative.

- Fare domande aperte che incoraggiano il cliente a condividere più dettagli sul suo stile di vita, i suoi gusti personali e le sue esperienze precedenti con la moda.

Empatia e Sensibilità:

- Mostrare empatia e sensibilità aiuta a creare un ambiente confortevole e aperto. Molti clienti possono sentirsi vulnerabili quando parlano del loro aspetto e stile, quindi è importante mostrare comprensione e non giudicare.

- Personalizzare l'approccio a seconda della personalità e delle esigenze del cliente. Ogni persona è unica, e riconoscere e rispettare la loro individualità è fondamentale.

Chiarezza e Onestà:

- Comunicare in modo chiaro e onesto aiuta a stabilire aspettative realistiche. Ciò include essere trasparenti riguardo a cosa può essere raggiunto attraverso la consulenza di immagine e i limiti di ciò che si può fare.

- Fornire feedback costruttivi e pratici. Se un certo stile o capo non funziona per il cliente, è importante essere onesti, ma sempre in modo gentile e costruttivo.

Feedback e Adattamento:

- Incoraggiare il feedback da parte del cliente e dimostrare di essere aperti a fare modifiche in base alle loro risposte. La consulenza di immagine è un processo dinamico e collaborativo.

- Essere flessibili e pronti a modificare il piano di azione se si scopre che le preferenze del cliente cambiano nel corso della consulenza.

Comunicazione Non Verbale:

- Prestare attenzione anche alla comunicazione non verbale. Il linguaggio del corpo, l'espressione facciale e il tono della voce possono fornire importanti indizi su come il cliente si sente riguardo alle discussioni e alle decisioni prese.

Follow-Up Continuo:

- Mantenere una comunicazione costante e regolare attraverso follow-up via email, telefonate o incontri di persona. Questo non solo aiuta a tenere traccia dei progressi, ma dimostra anche al cliente che il suo percorso è importante e seguito con attenzione.

Attraverso una comunicazione efficace, un consulente di immagine può costruire una relazione di fiducia con il cliente, comprendere profondamente le sue esigenze e lavorare con lui per raggiungere gli obiettivi desiderati, garantendo un'esperienza positiva e trasformativa.

DOMANDE FREQUENTI: COSA ASPETTARSI DURANTE UNA CONSULENZA DI IMMAGINE?

Durante una consulenza di immagine, i clienti possono aspettarsi un processo dettagliato e personalizzato che mira a migliorare e rinnovare la loro immagine personale. Ecco alcuni aspetti chiave di ciò che si può aspettarsi:

Incontro Iniziale e Valutazione: L'incontro iniziale e la valutazione rappresentano la pietra angolare della consulenza di immagine. Durante questo incontro fondamentale, il consulente di immagine e il cliente stabiliscono le basi per un rapporto di collaborazione e fiducia.

In questo primo incontro, il consulente adotta un approccio di ascolto attivo per comprendere in profondità non solo le preferenze di stile del cliente, ma anche il suo stile di vita, la sua professione, le sue attività quotidiane e i contesti sociali in cui si trova. Questo approfondimento aiuta a creare un quadro chiaro delle esigenze del cliente e delle possibili aree di intervento.

È anche il momento per il cliente di condividere eventuali insicurezze o problemi specifici riguardanti il proprio aspetto o guardaroba. Il cliente può discutere di esperienze passate con la moda, di ciò che lo fa sentire a proprio agio, di quali capi preferisce e perché, nonché di qualsiasi aspetto che desidera cambiare o migliorare.

Il consulente può utilizzare questo momento per impostare gli obiettivi della consulenza, stabilendo insieme al cliente cosa si vuole raggiungere. Questo può variare da un semplice aggiornamento del guardaroba a un cambiamento completo di stile, da un focus su abbigliamento professionale a un aiuto per occasioni speciali.

Inoltre, il consulente può iniziare a delineare una strategia preliminare su come procedere, che può includere l'analisi del guardaroba esistente, la pianificazione dello shopping, la definizione di uno stile personale e la scelta di colori e tessuti che si adattano meglio al cliente.

Questo incontro è anche un'occasione per stabilire una comunicazione aperta e onesta. È importante che il cliente si senta a suo agio nel condividere pensieri e opinioni, e che il consulente crei un ambiente in cui il cliente si senta ascoltato e valorizzato.

In conclusione, l'incontro iniziale e la valutazione non sono solo un momento di scambio di informazioni, ma sono anche un'opportunità per costruire un rapporto di fiducia e comprensione, elementi cruciali per una consulenza di immagine di successo.

Analisi del Guardaroba: L'analisi del guardaroba è un passaggio cruciale nella consulenza di immagine, poiché fornisce una panoramica concreta dello stile attuale del cliente e delle aree che necessitano di miglioramento. Questa fase non solo riguarda l'analisi fisica dei capi presenti nel guardaroba, ma anche la comprensione di come questi capi si integrano nello stile di vita e nelle esigenze del cliente.

Durante l'analisi, il consulente esamina ogni pezzo nel guardaroba del cliente. Questo processo implica valutare la vestibilità, lo stato, il colore e lo stile di ogni capo. Il consulente considera quali capi si adattano bene e quali sono particolarmente lusinghieri per il tipo di corpo e il tono della pelle del cliente.

Un aspetto fondamentale di questa fase è l'identificazione dei capi che non vengono più indossati o che non rispecchiano più lo stile attuale o le esigenze del cliente. Questi possono includere capi obsoleti, non più adatti, o quelli che non suscitano più gioia o fiducia nel cliente. La decisione di tenere, modificare o eliminare questi capi è presa in collaborazione con il cliente, sempre tenendo in considerazione i suoi sentimenti ed emozioni.

Inoltre, l'analisi del guardaroba serve anche per identificare gli elementi mancanti. Questo può riguardare capi basici che fungono da fondamenta di un guardaroba versatile, come camicie di qualità o pantaloni ben tagliati, o elementi più specifici che potrebbero aggiungere valore allo stile personale del cliente.

Il consulente di immagine può anche utilizzare questo momento per insegnare al cliente come combinare diversi capi per creare nuovi outfit, mostrando come massimizzare l'utilizzo di ogni pezzo. Questo include spiegare quali combinazioni di colori e tessuti funzionano bene insieme e come costruire outfit che si adattino a varie occasioni e stagioni.

In conclusione, l'analisi del guardaroba è un processo dettagliato che mira a ottimizzare il guardaroba esistente del cliente, eliminando ciò che non serve e identificando ciò che manca. È un passo essenziale che aiuta a impostare le basi per lo sviluppo di uno stile personale più coerente e soddisfacente.

Pianificazione e Sviluppo del Piano: La pianificazione e lo sviluppo del piano sono tappe fondamentali nella consulenza di immagine, dove si concretizzano le informazioni raccolte durante l'incontro iniziale e l'analisi del guardaroba in un piano d'azione pratico e personalizzato. Questo piano è il frutto di un'attenta considerazione delle esigenze, dello stile e degli obiettivi specifici del cliente.

Dopo aver acquisito una chiara comprensione dello stile attuale del cliente e delle aree che necessitano di miglioramento, il consulente inizia a elaborare un piano che guiderà il cliente attraverso il processo di trasformazione del suo stile e del suo guardaroba. Questo piano è su misura per ciascun cliente e può variare notevolmente a seconda delle esigenze individuali.

Uno degli elementi chiave del piano è la revisione del guardaroba. Questo può includere la decisione di quali capi mantenere, quali modificare e quali eliminare. Il consulente può suggerire modi per riutilizzare o rivitalizzare alcuni pezzi esistenti, ad esempio attraverso abbinamenti creativi o piccole modifiche sartoriali.

L'acquisto di nuovi capi è un altro aspetto importante del piano. Questo non è solo lo shopping per lo shopping, ma un processo mirato a colmare le lacune nel guardaroba del cliente, tenendo conto del budget, delle preferenze personali e delle necessità di stile. Il consulente può accompagnare il cliente nello shopping o fornire consigli su dove trovare i pezzi più adatti.

I consigli su colori e stili formano una parte cruciale del piano. Il consulente fornisce indicazioni su quali colori valorizzano di più il cliente, quali stili si adattano meglio al suo tipo di corpo e alla sua personalità, e come questi possono essere incorporati nel suo guardaroba.

Inoltre, il piano include idee per combinare diversi outfit. Il consulente dimostra come creare diverse combinazioni con i capi esistenti e nuovi, massimizzando così la versatilità del guardaroba. Questo può includere consigli su come vestirsi per diverse occasioni, stagioni e funzioni, assicurando che il cliente abbia un outfit adatto per ogni evento della sua vita.

In conclusione, la pianificazione e lo sviluppo del piano sono processi attentamente curati che mirano a fornire al cliente un percorso chiaro e pratico per raggiungere i suoi obiettivi di immagine. Questa fase è una collaborazione tra consulente e cliente, dove il consulente utilizza la sua esperienza per guidare il cliente verso un'immagine rinnovata e più autentica.

Shopping e Selezione dei Capi: Lo shopping e la selezione dei capi sono momenti chiave nella consulenza di immagine, dove le raccomandazioni fatte durante la pianificazione del piano vengono messe in pratica. Questa fase è essenziale per trasformare il guardaroba del cliente e per aiutarlo a realizzare gli obiettivi di stile prefissati.

Durante lo shopping, il consulente lavora a stretto contatto con il cliente, fornendo una guida esperta nella scelta di nuovi capi. Questo può avvenire in diversi modi. In alcuni casi, il consulente può accompagnare personalmente il cliente nei negozi, offrendo consigli immediati su vestibilità, stile e combinazioni di colori. Questa esperienza di shopping personalizzata è particolarmente utile perché permette al cliente di provare direttamente i capi e ricevere feedback in tempo reale.

In alternativa, soprattutto in situazioni in cui il cliente preferisce lo shopping online o ha limitazioni di tempo, il consulente può fornire una consulenza a distanza. In questo scenario, il consulente può preselezionare una serie di capi online e inviare i link al cliente, oppure può consultare il cliente tramite videochiamate durante lo shopping online.

Indipendentemente dalla modalità, lo shopping è sempre guidato dalle preferenze del cliente e dal piano d'azione stabilito. Il consulente assicura che ogni acquisto sia in linea con gli obiettivi di stile concordati e che si adatti al budget del cliente. L'obiettivo è di selezionare capi che non solo siano alla moda e alla portata del cliente, ma che si integrino perfettamente nel suo guardaroba esistente, offrendo una varietà di opzioni di outfit.

Il consulente si concentra anche sulla selezione di capi che siano versatili e che possano essere utilizzati in diverse combinazioni, massimizzando così l'investimento del cliente. Un buon consulente di immagine tiene conto non solo delle tendenze attuali, ma anche dell'unicità dello stile personale del cliente, assicurandosi che i nuovi acquisti riflettano la sua personalità e migliorino la sua immagine complessiva.

In conclusione, lo shopping e la selezione dei capi sono passaggi personalizzati e attenti, che mirano a creare un guardaroba che sia non solo esteticamente gradevole, ma anche funzionale e in linea con lo stile di vita e le esigenze del cliente.

Prove e Adattamenti: Le prove e gli adattamenti sono fasi importanti nella consulenza di immagine, soprattutto quando si introducono nuovi capi nel guardaroba del cliente. Anche il capo più bello può non avere l'effetto desiderato se non si adatta correttamente al corpo del cliente. Ecco perché il processo di adattamento e modifica è cruciale per garantire che ogni nuovo acquisto valorizzi al meglio il cliente.

Dopo lo shopping, il consulente di immagine si assicura che tutti i nuovi capi vengano provati dal cliente. Questo è il momento in cui si valuta attentamente la vestibilità di ogni pezzo. Il consulente esamina aspetti come la lunghezza delle maniche, la vestibilità attorno al busto, ai fianchi e alla vita, e la lunghezza generale dei capi. Anche dettagli come il modo in cui un capo cade o si muove sul corpo sono considerati, poiché possono influenzare significativamente l'aspetto complessivo.

Se durante le prove si scopre che alcuni capi richiedono modifiche per ottenere una vestibilità perfetta, il consulente può guidare il cliente attraverso il processo di modifica sartoriale. Questo può includere l'invio dei capi a un sarto di fiducia per aggiustamenti come stringere o allargare un abito, accorciare le maniche di una giacca o modificare l'orlo di un paio di pantaloni.

Il consulente può anche fornire suggerimenti su come i capi possono essere modificati per adattarsi meglio allo stile e alle preferenze del cliente. Ad esempio, un abito può essere trasformato aggiungendo o rimuovendo dettagli, cambiando bottoni o aggiungendo accessori come cinture o spille per personalizzarlo ulteriormente.

Inoltre, il consulente assiste il cliente nel comprendere quali tipi di modifiche sono possibili e realistiche, aiutandolo a prendere decisioni informate su quali capi modificare e in che modo. Questo passaggio assicura che il cliente non solo appaia al meglio nei suoi nuovi abiti, ma si senta anche a proprio agio e fiducioso in essi.

In conclusione, le prove e gli adattamenti sono passaggi essenziali per personalizzare il processo di consulenza di immagine. Queste fasi assicurano che ogni capo non solo si adatti perfettamente, ma sia anche un vero riflesso dello stile personale e unico del cliente.

Costruzione e Organizzazione del Guardaroba: La costruzione e l'organizzazione del guardaroba sono passaggi cruciali nella consulenza di immagine. Dopo aver selezionato i nuovi capi e apportato le eventuali modifiche, il compito successivo è integrare questi nuovi acquisti nel guardaroba esistente del cliente in modo che tutto funzioni armoniosamente insieme. Questa fase non riguarda solo l'aggiunta di nuovi capi, ma anche l'ottimizzazione dell'intero guardaroba per massimizzare la sua funzionalità e versatilità.

Il consulente guida il cliente attraverso il processo di organizzare il guardaroba in un modo che renda facile scegliere gli outfit ogni giorno. Questo può includere il raggruppamento di capi simili insieme, come appender tutti i pantaloni, le camicie o le giacche in aree specifiche, o organizzare il guardaroba per colore o per stagione. Una buona organizzazione aiuta il cliente a vedere più chiaramente ciò che possiede e a prendere decisioni più rapide e efficaci quando si veste.

Un altro aspetto importante è mostrare al cliente come combinare i nuovi capi con quelli esistenti per creare outfit versatili. Il consulente può creare diverse combinazioni e mostrare al cliente come gli stessi capi possono essere riadattati per diverse occasioni, dal lavoro al tempo libero, da eventi formali a uscite casual. Questo include suggerimenti su come abbinare colori e tessuti, come sovrapporre capi e come usare gli accessori per aggiungere interesse o cambiare l'aspetto di un outfit.

Il consulente può anche fornire consigli pratici su come mantenere e curare i capi, in modo che restino in buone condizioni il più a lungo possibile. Questo può includere suggerimenti su come lavare e conservare diversi tessuti e come proteggere capi delicati o di alta qualità.

Inoltre, la costruzione e l'organizzazione del guardaroba possono includere l'identificazione di eventuali lacune rimanenti. Anche dopo lo shopping, potrebbero emergere nuove esigenze, e il consulente può suggerire ulteriori acquisti o modifiche per completare veramente il guardaroba del cliente.

In conclusione, la costruzione e l'organizzazione del guardaroba sono passaggi finalizzati a garantire che il cliente non solo abbia un guardaroba esteticamente piacevole e aggiornato, ma anche che ogni elemento sia funzionale e ben integrato, permettendo al cliente di creare facilmente outfit che si adattino al suo stile di vita e alle sue esigenze.

Follow-up e Valutazione: Dopo l'attuazione del piano, si procede con incontri di follow-up per valutare i risultati e assicurarsi che il cliente sia soddisfatto. Questi incontri sono anche l'occasione per apportare eventuali aggiustamenti o modifiche.

Questo processo non solo mira a migliorare l'immagine esteriore del cliente, ma anche a rafforzare la sua fiducia e autostima, fornendogli gli strumenti per esprimere al meglio la sua personalità attraverso lo stile.

MITI DA SFATARE: LA CONSULENZA D'IMMAGINE È SOLO PER RINNOVARE IL GUARDAROBA

Il mito che la consulenza d'immagine sia esclusivamente focalizzata sul rinnovamento del guardaroba è un'idea limitante che non coglie l'ampiezza e la profondità di ciò che questa professione può offrire. La consulenza d'immagine va ben oltre la semplice selezione di nuovi capi di abbigliamento; essa riguarda una trasformazione più ampia che tocca diversi aspetti dell'immagine personale e della fiducia in sé. Ecco alcuni chiarimenti per sfatare questo mito:

Sviluppo dello Stile Personale: La consulenza d'immagine non si limita a suggerire nuovi acquisti, ma aiuta i clienti a sviluppare o raffinare il proprio stile personale. Ciò include capire quali tipi di vestiti si adattano meglio al loro tipo di corpo, quale palette di colori valorizza di più il loro aspetto e come esprimere la loro personalità attraverso l'abbigliamento.

Autostima e Fiducia: Un importante obiettivo della consulenza d'immagine è migliorare l'autostima e la fiducia del cliente. Vedersi sotto una nuova luce, con abiti che valorizzano e fanno sentire a proprio agio, può avere un impatto profondo sul modo in cui una persona si percepisce e interagisce con gli altri.

Adattamento ai Cambiamenti della Vita: La consulenza d'immagine può essere particolarmente utile in momenti di transizione o cambiamento nella vita di una persona, come un nuovo lavoro, un cambiamento di peso, o una nuova fase della vita. Il consulente aiuta a navigare questi cambiamenti, assicurando che il guardaroba rifletta la nuova realtà del cliente.

Consulenza Completa: Oltre ai vestiti, molti consulenti d'immagine offrono consigli su grooming, trucco, acconciatura e anche linguaggio del corpo e etichetta. Questo approccio olistico all'immagine personale aiuta a creare un'immagine coerente e autentica.

Formazione Continua: La consulenza d'immagine non si conclude con l'acquisto di nuovi capi. Spesso include formazione su come abbinare gli outfit, come organizzare il guardaroba e come fare scelte di stile future in modo indipendente.

In conclusione, sfatare il mito che la consulenza d'immagine sia limitata al rinnovamento del guardaroba permette di apprezzare la vera essenza di questa professione: aiutare le persone a sentirsi meglio con se stesse attraverso l'espressione del proprio stile personale.

IL PERSONAL SHOPPING

Il Personal Shopping è un servizio sempre più richiesto e apprezzato che va oltre il semplice atto di fare acquisti. È un'arte, una scienza e una forma di consulenza che combina conoscenza della moda, comprensione dello stile personale e capacità di ascolto per creare un'esperienza di shopping su misura per il cliente. Questo servizio non si limita solo a scegliere abiti e accessori; è un processo olistico che mira a comprendere e soddisfare le esigenze specifiche di ciascun individuo.

Il personal shopper lavora a stretto contatto con il cliente per identificare le sue esigenze di stile, le preferenze e gli obiettivi, siano essi legati all'aggiornamento del guardaroba, alla preparazione per un evento speciale, o alla costruzione di un look completamente nuovo. Questo ruolo richiede un mix di competenze: una profonda conoscenza delle tendenze attuali, un occhio per lo stile e la qualità, e soprattutto la capacità di tradurre le esigenze e i desideri del cliente in scelte di moda concrete.

Il servizio di personal shopping si distingue per la sua personalizzazione. Ogni sessione di shopping è progettata per essere un'esperienza unica, adattata alle specifiche esigenze del cliente. Il personal shopper considera fattori come il budget del cliente, i suoi obiettivi di stile, il suo tipo di corpo e le occasioni per cui sta acquistando. Inoltre, fornisce consulenza sull'abbinamento degli outfit, offrendo consigli su come combinare i nuovi acquisti con i capi esistenti nel guardaroba del cliente.

Il personal shopper non solo facilita la scelta dei capi, ma aiuta anche il cliente a prendere decisioni di acquisto più informate e strategiche. Questo significa scegliere capi che non solo si adattano alla moda attuale, ma che sono anche versatili, durevoli e adatti allo stile di vita e alla personalità del cliente. L'obiettivo è costruire un guardaroba che sia non solo bello e alla moda, ma anche funzionale e in grado di resistere alla prova del tempo.

In conclusione, il Personal Shopping è un servizio che va ben oltre l'aiuto nello shopping; è un'esperienza personalizzata che trasforma il modo in cui i clienti vedono e vivono la moda. Offre un'opportunità per esplorare nuovi stili, sperimentare con la propria immagine e, soprattutto, costruire un guardaroba che rifletta veramente chi sono e come desiderano essere percepiti dal mondo.

ORGANIZZAZIONE DI UNA SESSIONE DI SHOPPING PERSONALIZZATA

Organizzare una sessione di shopping personalizzata è un processo che richiede attenzione ai dettagli e una profonda comprensione delle esigenze e dei desideri del cliente. Questo tipo di shopping non è solo un giro per negozi; è un'esperienza curata che mira a rendere lo shopping più efficiente, piacevole e in linea con gli obiettivi di stile del cliente.

Prima di pianificare una sessione di shopping personalizzata, il personal shopper inizia con una discussione approfondita con il cliente. In questo colloquio preliminare, vengono esplorate le preferenze di stile del cliente, il suo tipo di corpo, le occasioni per cui necessita di nuovi capi e qualsiasi altro obiettivo specifico che il cliente desidera raggiungere con la sessione di shopping. Si considerano anche il budget e le eventuali preferenze di marca o stile.

Sulla base di queste informazioni, il personal shopper elabora un piano per la sessione di shopping. Questo può includere una selezione di negozi che si adattano allo stile e al budget del cliente, nonché una lista preliminare di articoli o tipi di capi da cercare. In alcuni casi, il personal shopper può anche organizzare in anticipo con i negozi, preselezionando capi per il cliente da provare.

Il giorno dello shopping, il personal shopper guida il cliente attraverso una serie attentamente selezionata di negozi, assicurandosi che ogni tappa sia in linea con gli obiettivi di stile prefissati. Durante lo shopping, il personal shopper offre consigli su vestibilità, colori, tessuti e stili, aiutando il cliente a fare scelte che non solo si adattano al suo aspetto e alle sue preferenze, ma che ampliano anche il suo guardaroba in modo strategico.

Un aspetto importante di una sessione di shopping personalizzata è l'educazione. Il personal shopper spiega il perché di ogni scelta, aiutando il cliente a comprendere quali stili funzionano meglio per lui e come combinare i nuovi acquisti con i capi già presenti nel suo guardaroba. L'obiettivo è fornire al cliente gli strumenti e la conoscenza per fare scelte di stile indipendenti in futuro.

Al termine della sessione, il cliente non solo avrà acquistato nuovi capi, ma avrà anche acquisito una maggiore fiducia nelle proprie decisioni di stile. Il personal shopper può fornire un riepilogo della sessione, includendo suggerimenti su come incorporare i nuovi acquisti nel guardaroba esistente e idee per futuri acquisti o aggiornamenti.

In conclusione, una sessione di shopping personalizzata è molto più di una semplice giornata di acquisti; è un'esperienza arricchente e formativa che aiuta il cliente a costruire un guardaroba che non solo appare eccezionale, ma che rispecchia anche il suo stile personale e il suo modo di vivere.

COSTRUZIONE DI UN GUARDAROBA FUNZIONALE

La costruzione di un guardaroba funzionale è un processo essenziale nella consulenza di immagine e nel personal shopping, che va oltre il semplice accumulo di capi alla moda. Si tratta di creare una collezione di abiti che siano non solo esteticamente piacevoli, ma anche pratici, versatili e adatti alle esigenze di vita quotidiana del cliente.

Un guardaroba funzionale inizia con una solida base di capi essenziali, spesso denominati "basics". Questi includono pezzi come camicie bianche di qualità, pantaloni ben tagliati, una giacca classica, jeans che vestono perfettamente, e altri articoli che possono formare la base per una varietà di outfit. Questi capi devono essere selezionati per la loro qualità e versatilità, in modo che possano essere combinati facilmente con altri pezzi per creare diverse combinazioni.

Successivamente, il processo coinvolge l'aggiunta di elementi che aggiungono personalità e stile al guardaroba. Questi possono includere pezzi di tendenza, accessori distintivi, colori vivaci o stampe uniche. Tuttavia, è importante che questi elementi "di carattere" siano scelti in modo che si integrino bene con i capi di base, permettendo al cliente di variare i suoi outfit senza dover possedere un numero eccessivo di capi.

Il personal shopper o consulente di immagine assiste il cliente nel valutare ogni capo del suo guardaroba esistente e nel decidere cosa mantenere, cosa modificare e cosa eliminare. Ciò include un'attenta considerazione della vestibilità, dello stile e della frequenza con cui il cliente indossa ogni capo. Gli articoli che non si adattano bene, che sono obsoleti o che non riflettono più lo stile personale del cliente possono essere eliminati, creando spazio per nuovi acquisti più in linea con la sua immagine attuale.

La funzionalità riguarda anche l'organizzazione del guardaroba.

Un guardaroba ben organizzato, in cui ogni capo è facilmente visibile e accessibile, rende più semplice per il cliente scegliere outfit e abbinare i capi. Il personal shopper può fornire consigli su come organizzare fisicamente i vestiti, ad esempio raggruppandoli per tipo, colore o stagione.

Infine, un aspetto cruciale della costruzione di un guardaroba funzionale è l'adattabilità. Ciò significa avere capi che possono essere facilmente adattati per diversi contesti, stagioni o occasioni. Ad esempio, un abito può essere indossato con un blazer per un look professionale o con accessori gioiello per una serata elegante.

In sintesi, costruire un guardaroba funzionale significa creare un insieme di capi che il cliente ama indossare, che sono adatti alle sue attività quotidiane e che possono essere facilmente abbinati per creare una varietà di outfit attraenti e coerenti con la sua immagine personale.

DOMANDE FREQUENTI: COME POSSO OTTIMIZZARE IL MIO SHOPPING?

Ottimizzare lo shopping è un obiettivo comune per molte persone che cercano di rendere le loro sessioni di acquisti più efficienti, mirate e soddisfacenti. Ecco alcuni consigli che possono aiutare a ottimizzare il processo di shopping:

Pianifica in Anticipo: Prima di andare a fare shopping, prenditi un momento per pianificare. Considera quali capi ti servono davvero, quali sono le lacune nel tuo guardaroba e quali sono i tuoi obiettivi di stile. Fare una lista può aiutare a mantenere la focalizzazione durante lo shopping.

Conosci il Tuo Stile e le Tue Misure: Avere una buona comprensione del tuo stile personale e delle tue misure può rendere lo shopping molto più efficiente. Questo ti aiuta a filtrare rapidamente ciò che non si adatta al tuo stile o alla tua taglia.

Stabilisci un Budget: Determinare un budget prima di andare a fare shopping può aiutare a evitare acquisti impulsivi e a concentrarsi su ciò che è davvero necessario. Ciò aiuta anche a prendere decisioni più consapevoli su quali capi vale la pena investire di più.

Qualità Sopra la Quantità: Preferisci la qualità alla quantità. Acquistare meno capi di qualità superiore, che durano più a lungo e si adattano meglio, è più vantaggioso che accumulare molti capi economici e di bassa qualità.

Fai Ricerche sui Brand e sulle Collezioni: Prima di andare a fare shopping, fai una ricerca sui brand e sulle collezioni correnti. Questo ti aiuta a sapere cosa aspettarti e quali negozi visitare per trovare ciò che cerchi.

Prova i Capi Sempre: Assicurati di provare i capi prima di acquistarli. Anche se conosci la tua taglia, le misure possono variare a seconda del brand e del modello. Provare i vestiti garantisce che si adattino bene e siano comodi.

Sii Selettivo: Non aver paura di essere selettivo. Se un capo non ti convince completamente, probabilmente non è una buona scelta. Ascolta il tuo istinto e scegli solo capi che ti entusiasmano veramente.

Considera la Versatilità: Quando acquisti un nuovo capo, pensa a come si integrerà nel tuo guardaroba esistente. Considera se puoi abbinarlo facilmente con almeno tre outfit differenti.

Shopping Consapevole: Sii consapevole delle tue abitudini di shopping e cerca di evitare acquisti impulsivi. Prenditi il tempo per riflettere su ogni acquisto e su come si adatta al tuo stile di vita e al tuo guardaroba.

Richiedi Consulenza Se Necessario: Se hai difficoltà a prendere decisioni o a trovare ciò che ti serve, non esitare a chiedere aiuto a un consulente di immagine o a un personal shopper. Possono offrirti una guida preziosa e aiutarti a fare scelte più mirate.

Seguendo questi consigli, puoi trasformare il tuo shopping in un'esperienza più mirata, piacevole e produttiva, assicurandoti di aggiungere al tuo guardaroba capi che ami veramente e che valorizzano il tuo stile personale.

MITI DA SFATARE: IL PERSONAL SHOPPING È SEMPRE COSTOSO

Il mito che il personal shopping sia sempre costoso è una convinzione diffusa che non corrisponde necessariamente alla realtà. Il personal shopping è un servizio accessibile e flessibile, progettato per adattarsi a una vasta gamma di budget e necessità. Ecco alcuni punti chiave che sfatano questo mito:

Servizi Personalizzabili: I personal shopper offrono una varietà di servizi che possono essere adattati per adattarsi a diversi budget. Questo va dalla consulenza base, come aiutare nella scelta di alcuni capi specifici, fino a un servizio completo di rinnovamento del guardaroba. I clienti hanno la flessibilità di scegliere il livello di servizio che meglio si adatta alle loro esigenze finanziarie.

Investimento nel Lungo Termine: Utilizzare i servizi di un personal shopper può essere un investimento intelligente. Aiutando a selezionare capi di qualità e versatili, il personal shopper può aiutare a ridurre gli acquisti impulsivi o poco pratici. Questo significa meno sprechi e un guardaroba più funzionale e duraturo.

Accesso a Una Gamma di Prezzi: I personal shopper non si limitano a negozi di alta gamma o di lusso. Sono esperti nell'individuare il miglior valore per ogni budget e spesso conoscono le migliori offerte e sconti disponibili, sia in negozi fisici sia online.

Risparmio di Tempo e Energia: Il personal shopping è anche un risparmio di tempo e fatica. Per chi ha uno stile di vita impegnativo, l'efficienza di avere qualcuno che fa ricerche e seleziona gli articoli giusti può essere inestimabile.

Non Solo per Articoli di Lusso: Molti personal shopper lavorano con una varietà di marchi e stili, non limitandosi esclusivamente agli articoli di lusso. Il loro obiettivo principale è trovare il miglior stile per il cliente, a prescindere dal prezzo dei capi.

Valore Aggiunto: Oltre a trovare capi, i personal shopper offrono un valore aggiunto in termini di consulenza di stile, aiutando a costruire un'immagine personale che rispecchia la personalità e lo stile di vita del cliente.

In conclusione, il personal shopping è un servizio versatile che può essere adattato per adattarsi a una varietà di budget e preferenze. Non è esclusivamente un lusso per pochi, ma uno strumento utile e accessibile per chiunque desideri migliorare il proprio stile e ottimizzare il proprio guardaroba.

ANALISI DEL GUARDAROBA

L'analisi del guardaroba è un processo fondamentale nella consulenza di immagine, in quanto offre una panoramica dettagliata dello stile attuale del cliente e delle aree che possono essere migliorate o aggiornate. Questa fase non è solo un'occasione per fare ordine, ma un esercizio per comprendere meglio il proprio stile, ciò che funziona e ciò che non funziona più nel contesto attuale della vita del cliente.

Durante l'analisi del guardaroba, il consulente di immagine lavora insieme al cliente per esaminare ogni capo presente nel suo armadio. Questo include non solo abiti, ma anche accessori, scarpe e persino biancheria intima e indumenti da notte. L'obiettivo è di valutare ogni pezzo per il suo stile, condizione, vestibilità e quanto effettivamente venga indossato.

Un passaggio chiave è identificare i capi che il cliente ama e che lo fanno sentire a suo agio e fiducioso. Questi pezzi spesso riflettono il vero stile del cliente e possono servire da base per costruire il resto del guardaroba. Allo stesso tempo, si individuano gli articoli che non sono più adatti, sia per motivi di stile che di vestibilità, e si decide se modificarli, donarli o eliminarli.

Durante l'analisi, si considerano anche i capi che mancano nel guardaroba e che potrebbero aumentarne la versatilità. Forse il cliente necessita di più capi basici o di alcuni pezzi chiave che possono elevare il suo stile. L'analisi aiuta a creare una lista di shopping mirata che indirizza specifiche necessità di stile e funzionalità, piuttosto che acquisti impulsivi o casuali.

L'analisi del guardaroba è anche un momento per discutere l'organizzazione dell'armadio. Un guardaroba ben organizzato aiuta il cliente a vedere chiaramente ciò che possiede, rendendo più semplice la scelta degli outfit quotidiani. Il consulente può fornire suggerimenti su come organizzare i capi per tipo, colore o frequenza di uso.

In conclusione, l'analisi del guardaroba non è solo un esercizio pratico, ma anche un'opportunità per riflettere sul proprio stile personale e su come questo si adatta allo stile di vita e alle aspirazioni attuali. È un passo fondamentale verso la costruzione di un guardaroba che non solo appare eccezionale, ma che riflette anche l'immagine personale autentica e desiderata del cliente.

COME ESEGUIRE UN'ANALISI EFFICACE DEL GUARDAROBA

Eseguire un'analisi efficace del guardaroba è un processo che richiede attenzione e considerazione, poiché si tratta di valutare non solo i capi di abbigliamento ma anche lo stile di vita e le preferenze personali del cliente. Questo processo aiuta a creare un guardaroba che sia funzionale, rappresentativo dello stile personale e adattato alle esigenze quotidiane.

Iniziare l'analisi del guardaroba comporta prima di tutto un'osservazione generale dei capi presenti. Questo significa prendere in considerazione ogni articolo, dai capi di base come pantaloni e camicie, fino agli accessori, scarpe e persino indumenti per occasioni speciali. Il punto chiave è valutare ogni pezzo non solo per la sua apparenza ma anche per quanto frequentemente viene indossato e per la sua versatilità.

Il primo passo può essere quello di suddividere il guardaroba in categorie. Separare i capi per tipo e per stagione può aiutare a visualizzare ciò che si possiede e a identificare eventuali lacune. Ad esempio, si potrebbero scoprire di avere molti capi per l'inverno ma pochi per l'estate, o un'abbondanza di abiti formali ma una mancanza di opzioni casual.

Successivamente, si esamina la vestibilità e lo stato di ogni capo. I vestiti che non si adattano correttamente, che sono usurati o che non riflettono più il gusto attuale possono essere messi da parte. Questa fase è anche l'opportunità per considerare modifiche sartoriali che potrebbero dare nuova vita a capi altrimenti inutilizzati.

Un altro aspetto importante è valutare il colore e lo stile di ciascun capo. Si considera come i colori si abbinano alla carnagione del cliente e se gli stili riflettono la sua personalità e il suo modo di vivere. Capire quali colori e stili funzionano meglio può guidare decisioni future di acquisto.

L'analisi include anche una discussione sulle preferenze di stile del cliente. Questo aiuta a comprendere quali tipi di capi si sente più a suo agio indossando e quali evita. Si considerano le abitudini di vita, come il tipo di lavoro, le attività di tempo libero e le esigenze sociali, per assicurarsi che il guardaroba sia allineato con la vita quotidiana del cliente.

Infine, si crea una lista di ciò che manca nel guardaroba. Questo potrebbe includere capi basici, pezzi versatili che possono essere combinati in vari modi, o anche alcuni capi di tendenza per aggiornare lo stile. L'obiettivo è assicurarsi che, alla fine dell'analisi, il cliente abbia un chiaro percorso da seguire per un guardaroba che sia non solo esteticamente piacevole, ma anche completamente funzionale per le sue esigenze.

In sintesi, un'analisi efficace del guardaroba non è solo un processo di revisione e organizzazione, ma una valutazione approfondita che considera la vestibilità, lo stile, il colore e la funzionalità, portando a un guardaroba che rifletta veramente lo stile personale e la vita del cliente.

DOMANDE FREQUENTI: QUANDO È IL MOMENTO DI RINNOVARE IL GUARDAROBA?

Una domanda frequente che molte persone si pongono riguarda il momento giusto per rinnovare il proprio guardaroba. La decisione di rinnovare il guardaroba può dipendere da vari fattori e non esiste una risposta unica che valga per tutti. Ecco alcuni segnali che possono indicare che è il momento di considerare un aggiornamento del guardaroba:

Cambiamenti nella Vita o nello Stile di Vita: Un cambiamento significativo nella vita, come un nuovo lavoro, una variazione di peso o un cambiamento nelle abitudini quotidiane, può richiedere un aggiornamento del guardaroba. Ad esempio, entrare in un ambiente lavorativo formale da uno casual può richiedere un tipo diverso di abbigliamento.

Vestiti Che Non Si Adattano Bene: Se molti dei tuoi capi non si adattano più correttamente, sia per cambiamenti di peso che per usura naturale, potrebbe essere il momento di rinnovare alcune parti del tuo guardaroba.

Stile Obsoleto o Non Rappresentativo: Se ti accorgi che il tuo guardaroba non riflette più il tuo gusto attuale o la persona che sei oggi, potrebbe essere il momento di un aggiornamento. Il tuo stile personale può evolvere nel tempo, e il tuo guardaroba dovrebbe evolvere con te.

Difficoltà nel Scegliere Cosa Indossare: Se ti ritrovi spesso a lottare per scegliere cosa indossare nonostante un guardaroba pieno, potrebbe essere un segnale che molti capi non soddisfano più le tue esigenze o preferenze.

Capi Usurati o Danneggiati: I capi che sono visibilmente usurati, sbiaditi o danneggiati dovrebbero essere sostituiti. Un guardaroba ben curato è un elemento chiave per un aspetto curato e professionale.

Mancanza di Versatilità: Se il tuo guardaroba attuale non ti offre abbastanza versatilità per abbinare e creare diversi outfit per varie occasioni, potrebbe essere il momento di aggiungere capi più versatili.

Desiderio di Rinnovamento: A volte, il desiderio di rinnovare il guardaroba deriva semplicemente dalla volontà di cambiare e di sperimentare con nuovi stili, colori o tendenze.

Rinnovare il guardaroba non significa necessariamente sostituire ogni capo; può essere un processo graduale in cui si introducono gradualmente nuovi pezzi mentre si eliminano quelli vecchi o non più adatti. L'obiettivo dovrebbe essere quello di avere un guardaroba che ti faccia sentire confidente, comodo e rappresentativo del tuo stile personale.

MITI DA SFATARE: BISOGNA SEMPRE SEGUIRE LE ULTIME TENDENZE

Il mito che bisogna sempre seguire le ultime tendenze moda è una convinzione piuttosto diffusa, ma non necessariamente vera o utile per tutti. Sebbene le tendenze possano offrire ispirazione e idee fresche, seguire ciecamente ogni nuova moda non è sempre la scelta migliore per sviluppare uno stile personale distintivo e duraturo. Ecco alcuni motivi per cui non è essenziale seguire sempre le ultime tendenze:

Individualità di Stile: Ognuno ha un proprio stile unico che esprime la sua personalità e il suo modo di vivere. Seguire ogni nuova tendenza può portare a un guardaroba che si sente disconnesso e non rappresentativo del vero sé.

Sostenibilità e Consapevolezza: L'acquisto costante di capi di tendenza può contribuire a un ciclo di consumo eccessivo e non sostenibile. Invece, scegliere capi che si amano veramente e che dureranno nel tempo può essere un approccio più ecologico e consapevole alla moda.

Budget e Investimenti: Seguire tutte le ultime tendenze può essere costoso. Investire in capi di qualità, classici e versatili che resistono alla prova del tempo può essere più saggio dal punto di vista finanziario.

Vestibilità e Comfort: Non tutte le tendenze sono adatte a tutti i tipi di corpo o sono confortevoli da indossare. È importante scegliere capi che si adattino bene e che facciano sentire a proprio agio.

Durata nel Tempo: La moda è ciclica e le tendenze vanno e vengono. Concentrarsi su uno stile personale piuttosto che cercare di stare al passo con ogni tendenza assicura che il guardaroba rimanga rilevante e amato anche quando le tendenze cambiano.

In conclusione, mentre le tendenze possono essere divertenti da esplorare e possono offrire nuovi spunti per il proprio stile, non è necessario né pratico adottarle tutte. Un approccio equilibrato potrebbe essere incorporare elementi di tendenza che risuonano veramente con il proprio stile personale, pur mantenendo un nucleo di capi classici e intramontabili.

TECNICHE DI CAMOUFLAGE

Le tecniche di camouflage nell'ambito della moda e dello stile personale sono strategie utilizzate per valorizzare la figura del cliente, giocando con i punti di forza e minimizzando quelle aree che il cliente potrebbe voler de-enfatizzare. Queste tecniche non si limitano a nascondere o coprire, ma piuttosto a creare un equilibrio visivo e ad accentuare i migliori attributi del cliente.

Il camouflage nell'abbigliamento si basa sull'uso intelligente di colori, tessuti, tagli e motivi per influenzare come la figura viene percepita. Ad esempio, l'uso di colori scuri in determinate aree può aiutare a dare l'illusione di una silhouette più snella, mentre l'uso di colori chiari o brillanti può attirare l'attenzione su punti che si desidera evidenziare.

Le linee e i tagli degli abiti giocano anche un ruolo cruciale nel camouflage. Ad esempio, le linee verticali possono allungare e snellire la figura, mentre le linee orizzontali possono avere l'effetto opposto. I tagli degli abiti possono essere utilizzati per accentuare o nascondere diverse parti del corpo. Ad esempio, un abito con un taglio impero può enfatizzare il busto e allo stesso tempo fluttuare delicatamente sopra l'addome.

Un altro aspetto del camouflage riguarda la scelta dei tessuti. Tessuti che drappeggiano fluidamente possono mascherare aree che il cliente preferisce non accentuare, mentre tessuti più strutturati possono fornire supporto e definizione.

Anche gli accessori sono importanti nelle tecniche di camouflage. Ad esempio, una sciarpa o un collier possono essere usati per attirare l'attenzione verso il viso, mentre una cintura può essere utilizzata per definire la vita.

È importante sottolineare che le tecniche di camouflage non sono volte a mascherare il cliente o a nascondere difetti. Piuttosto, si tratta di celebrare e valorizzare ogni figura, aiutando il cliente a sentirsi sicuro e a suo agio nel proprio stile. Queste tecniche sono personalizzate in base alle esigenze individuali del cliente, al suo tipo di corpo e ai suoi obiettivi personali di stile.

In conclusione, le tecniche di camouflage sono uno strumento potente nella consulenza di immagine, utilizzato per aiutare i clienti a creare un'immagine che rifletta la loro personalità e li faccia sentire al meglio, indipendentemente dalla forma o dalle dimensioni del loro corpo.

TECNICHE DI ABBIGLIAMENTO PER MIGLIORARE LA FIGURA

Le tecniche di abbigliamento per migliorare la figura sono strumenti fondamentali per valorizzare l'aspetto fisico e aumentare la fiducia in sé attraverso scelte di moda attente. Queste tecniche si concentrano su come utilizzare abiti, colori, tessuti e accessori per creare un effetto visivamente armonioso, sottolineando i punti di forza e minimizzando quelle aree che il cliente potrebbe voler de-enfatizzare.

La scelta dei colori gioca un ruolo significativo in questo processo. Ad esempio, i colori più scuri tendono a snellire e possono essere usati per minimizzare determinate aree del corpo, mentre i colori vivaci o i motivi possono attirare l'attenzione su punti che si desidera enfatizzare. Utilizzare il contrasto di colori può aiutare a dirigere lo sguardo verso i punti di forza del corpo.

I tagli e le linee degli abiti sono altrettanto importanti. Linee verticali, ad esempio, possono creare un effetto snellente e allungante, mentre linee orizzontali possono allargare. Gli abiti con tagli specifici possono accentuare o nascondere diverse parti del corpo, come un abito con vita segnata per enfatizzare una figura a clessidra o un taglio a trapezio per minimizzare i fianchi.

La scelta del tessuto è cruciale per come un capo cade e si adatta al corpo. Tessuti leggeri e fluidi possono nascondere e minimizzare, mentre quelli più strutturati possono fornire supporto e definizione. Il gioco di texture può aggiungere interesse visivo e contribuire a bilanciare la figura.

Gli accessori, come cinture, gioielli o sciarpe, possono essere usati strategicamente per attirare l'attenzione su determinate aree del corpo o per aggiungere un punto di interesse visivo che distoglie l'attenzione da altre aree.

Equilibrare le proporzioni è fondamentale per creare un aspetto armonioso. Questo significa bilanciare parti superiori e inferiori del corpo, ad esempio, usando colori scuri su aree che si desidera minimizzare e toni più chiari o accesi sulle parti del corpo che si desidera enfatizzare.

Infine, è essenziale che tutte queste tecniche si allineino con lo stile personale del cliente. L'obiettivo è migliorare la figura senza compromettere l'espressione personale e il comfort. Le tecniche di abbigliamento per migliorare la figura non dovrebbero mai sentirsi restrittive, ma piuttosto essere strumenti per aiutare il cliente a sentirsi sicuro e a suo agio con il proprio aspetto.

DOMANDE FREQUENTI: COSA SONO LE TECNICHE DI CAMOUFLAGE?

Le tecniche di camouflage nell'ambito della moda e dello stile personale sono metodi utilizzati per valorizzare l'aspetto fisico di una persona, enfatizzando i suoi punti di forza e minimizzando le aree che desidera meno evidenziare. Queste tecniche non mirano a "nascondere" il corpo, ma piuttosto a creare un equilibrio visivo che valorizzi la figura nel suo insieme.

Il concetto di camouflage nell'abbigliamento si basa su una comprensione dettagliata di come determinate scelte di stile possano influenzare la percezione del corpo. Questo approccio non si limita semplicemente a nascondere o coprire, ma piuttosto a creare un'armonia visiva, sfruttando i colori, i tagli degli abiti, i tessuti e i motivi in modo strategico.

L'uso dei colori è una componente fondamentale del camouflage. I colori scuri, come il nero, il blu marino o il marrone scuro, sono noti per il loro effetto snellente poiché tendono ad assorbire la luce piuttosto che rifletterla. Questo può creare l'illusione di una silhouette più sottile e affusolata. D'altro canto, i colori chiari o brillanti come il bianco, il giallo o il rosso catturano l'attenzione e possono mettere in risalto le aree del corpo dove sono applicati. L'uso strategico di questi colori può aiutare a enfatizzare i punti di forza e a deviare l'attenzione dalle aree che il cliente desidera meno evidenziare.

Anche il taglio degli abiti gioca un ruolo cruciale. Ad esempio, gli abiti che enfatizzano la vita possono creare un aspetto più proporzionato, specialmente per quelle persone che hanno una figura a clessidra. Per le figure più rettangolari, i capi che creano l'illusione di curve, come quelli con peplum, possono essere lusinghieri. I tagli verticali, come quelli di alcuni cappotti o giacche, possono allungare la figura, mentre i tagli orizzontali possono allargare.

I tessuti scelti sono altrettanto importanti. Tessuti leggeri e fluttuanti possono nascondere e minimizzare, creando un'illusione di fluidità e leggerezza. Al contrario, tessuti più pesanti e strutturati possono fornire definizione e supporto laddove è necessario.

Inoltre, i motivi e le stampe giocano un ruolo significativo nel camouflage. I motivi grandi e audaci possono attirare l'attenzione e sono ideali per le aree del corpo che si desidera enfatizzare. I motivi piccoli e sottili, invece, tendono a essere più discreti e possono essere utilizzati per le aree che si desidera minimizzare.

In sintesi, il camouflage nell'abbigliamento è un'arte che richiede di bilanciare e combinare vari elementi per valorizzare al meglio la figura. Questo processo va oltre la semplice selezione di capi; si tratta di una comprensione profonda di come i diversi elementi dell'abbigliamento possano lavorare insieme per creare un'immagine coerente e armoniosa, migliorando così la fiducia e l'immagine di sé del cliente.

I tagli degli abiti giocano un ruolo fondamentale nel camouflage. Per esempio, abiti con linee verticali possono allungare e snellire la figura, mentre quelli con linee orizzontali o con grandi stampe possono avere un effetto opposto. I tagli specifici possono anche aiutare a valorizzare determinate parti del corpo, come un taglio impero per enfatizzare il busto o una gonna a campana per bilanciare spalle larghe.

La scelta dei tessuti è altrettanto importante. I tessuti che cadono fluidamente possono mascherare le aree che si desidera meno evidenziare, mentre quelli più strutturati possono fornire definizione e supporto.

Gli accessori possono essere utilizzati strategicamente nel processo di camouflage. Ad esempio, una sciarpa lunga e fluttuante può distogliere l'attenzione da altre aree del corpo, mentre una cintura posizionata strategicamente può aiutare a definire la vita.

In conclusione, le tecniche di camouflage sono un aspetto sofisticato della consulenza di immagine e dello stile personale, che richiede una profonda comprensione di come diversi elementi della moda possono essere combinati per valorizzare al meglio la figura di una persona. Queste tecniche permettono a chi le adotta di sentirsi più sicuro e a proprio agio nel proprio corpo, indipendentemente dalla forma o dalle dimensioni.

MITI DA SFATARE: IL CAMOUFLAGE È SOLO PER NASCONDERE DIFETTI

Il mito che il camouflage nell'abbigliamento sia usato solo per nascondere i difetti è una concezione limitata e riduttiva di questa tecnica. In realtà, il camouflage è molto di più: è un metodo sofisticato per valorizzare la figura, migliorare la fiducia in se stessi e esprimere lo stile personale. Ecco alcuni chiarimenti per sfatare questo mito:

Valorizzazione piuttosto che Nascondimento: Il vero obiettivo del camouflage non è nascondere i cosiddetti "difetti", ma piuttosto valorizzare i punti di forza e creare un equilibrio visivo. Questo può significare sottolineare le migliori caratteristiche di una persona mentre si minimizzano quelle aree che potrebbero far sentire meno sicuri.

Espressione di Stile Personale: Il camouflage è anche uno strumento per esprimere lo stile personale. L'utilizzo di colori, tagli e tessuti specifici consente alle persone di enfatizzare il loro gusto personale e la loro unicità attraverso l'abbigliamento.

Migliorare la Proporzione e l'Equilibrio: Le tecniche di camouflage possono essere utilizzate per creare un equilibrio nelle proporzioni del corpo. Ad esempio, possono aiutare a bilanciare una figura a triangolo invertito o a valorizzare una silhouette a clessidra.

Aumentare la Fiducia: L'efficace uso del camouflage aiuta le persone a sentirsi più sicure nel proprio aspetto. Quando si indossano abiti che migliorano la propria figura, ciò può avere un impatto significativo sulla fiducia in se stessi e sull'autostima.

Adattabilità a Ogni Tipo di Corpo: Il camouflage non è una tecnica riservata solo a determinati tipi di corpo o dimensioni; è adattabile a chiunque. Indipendentemente dalla forma o dalla taglia, le tecniche di camouflage possono essere utilizzate per valorizzare ogni figura.

Arte e Creatività: Utilizzare le tecniche di camouflage richiede creatività e un occhio artistico. Si tratta di combinare abilmente diversi elementi di design per creare un look che sia non solo lusinghiero, ma anche esteticamente piacevole.

In conclusione, il camouflage nell'abbigliamento è un'arte che va ben oltre il semplice nascondimento di difetti. È uno strumento potente per valorizzare il corpo, esprimere la propria identità di stile e camminare con maggiore fiducia e autostima.

I CLIENTI

Nella professione di personal shopper e consulente d'immagine, comprendere e soddisfare le esigenze di vari tipi di clienti è fondamentale. Ogni cliente arriva con un set unico di aspettative, preferenze e sfide di stile, rendendo la personalizzazione dei servizi non solo essenziale, ma anche una delle parti più gratificanti del lavoro.

La diversità dei clienti in questo campo è ampia: alcuni potrebbero cercare un aggiornamento completo del guardaroba, mentre altri potrebbero aver bisogno di aiuto per un evento specifico. Alcuni clienti sono ben informati sulle tendenze della moda e desiderano incorporarle nel loro stile, mentre altri potrebbero essere meno concentrati sulle tendenze e più interessati a trovare uno stile che rispecchi la loro personalità e stile di vita.

Il primo passo nel lavorare con ogni nuovo cliente è capire chi sono e cosa cercano. Questo può essere raggiunto attraverso discussioni iniziali, questionari e, in alcuni casi, una revisione del loro attuale guardaroba. Questi strumenti aiutano a identificare lo stile del cliente, le sue preferenze, il suo tipo di corpo e le aree su cui desiderano concentrarsi.

La personalizzazione del servizio richiede un approccio flessibile. Ad esempio, un cliente che preferisce un look classico e senza tempo richiederà un approccio diverso rispetto a uno che è entusiasta di sperimentare con le ultime tendenze. Per alcuni clienti, può essere importante considerare fattori come la praticità e il comfort, specialmente se hanno uno stile di vita attivo o esigenze specifiche legate al loro ambiente lavorativo o personale.

Inoltre, è essenziale sviluppare una comunicazione aperta e onesta con i clienti. Ascoltare attentamente e rispondere alle loro preoccupazioni non solo aiuta a costruire fiducia, ma fornisce anche intuizioni preziose che possono guidare il processo di consulenza. È importante che il cliente si senta ascoltato, compreso e rispettato nelle sue scelte di stile.

Infine, rimanere informati e aggiornati sulle ultime tendenze e marchi è utile, ma è altrettanto importante essere in grado di adattare quelle tendenze al gusto unico e alle esigenze di ogni cliente. La capacità di personalizzare i servizi per ciascun cliente assicura che il risultato finale sia qualcosa che il cliente non solo ama indossare, ma che rifletta anche la sua unicità.

In sintesi, la personalizzazione dei servizi nel personal shopping e nella consulenza d'immagine è cruciale per soddisfare una varietà di clienti con esigenze e gusti diversi. Comprendere e rispettare l'unicità di ogni cliente, insieme a una comunicazione efficace e all'adattabilità, sono le chiavi per fornire un servizio che sia sia soddisfacente che trasformativo per il cliente.

TIPOLOGIE DI CLIENTI E PERSONALIZZAZIONE DEI SERVIZI

Nel campo del personal shopping e della consulenza d'immagine, la varietà delle tipologie di clienti è ampia e diversificata. Ogni cliente porta con sé un insieme unico di esigenze, gusti e obiettivi di stile, rendendo la personalizzazione del servizio non solo necessaria, ma anche una parte essenziale del lavoro. La capacità di riconoscere e adattarsi alle diverse esigenze è fondamentale per fornire un servizio di qualità.

Alcuni clienti possono essere alla ricerca di un aggiornamento completo del loro guardaroba. Questi clienti potrebbero aver subito cambiamenti significativi nella loro vita, come una nuova carriera o una variazione di peso, e hanno bisogno di aiuto per riflettere questi cambiamenti nel loro stile. Altri potrebbero cercare assistenza per eventi specifici, come matrimoni, interviste di lavoro o altri eventi importanti.

Ci sono anche clienti che si avvicinano ai servizi di personal shopping con l'obiettivo di esplorare nuove tendenze o di sperimentare con il loro stile personale. Questi clienti sono spesso aperti a sperimentazioni e cercano consigli per incorporare elementi di moda attuali nel loro guardaroba senza perdere la propria identità di stile.

D'altra parte, alcuni clienti potrebbero essere meno interessati alle tendenze e più concentrati su trovare uno stile che rispecchi la loro personalità e le loro esigenze quotidiane. Questi clienti valorizzano la funzionalità, il comfort e la longevità dei capi, e cercano pezzi versatili che possano essere facilmente integrati nel loro guardaroba esistente.

Per ogni tipo di cliente, è essenziale stabilire una comunicazione chiara e aperta. Ascoltare attentamente le loro preferenze, le loro preoccupazioni e i loro obiettivi aiuta a costruire un piano di azione su misura. È importante mostrare empatia e comprensione, fornendo allo stesso tempo una guida esperta e consigli utili.

La personalizzazione può includere la selezione di capi specifici, il consiglio su combinazioni e abbinamenti, l'assistenza nell'acquisto di articoli specifici o la guida nella creazione di un guardaroba completamente nuovo. Il personal shopper o il consulente di immagine deve essere flessibile e adattabile, in grado di fornire soluzioni creative che rispettino i gusti e le esigenze del cliente, indipendentemente dal loro stile personale o dalle loro esigenze di vita.

In conclusione, la varietà delle tipologie di clienti nel personal shopping e nella consulenza d'immagine richiede un approccio personalizzato e attento. Comprendere le esigenze uniche di ciascun cliente e adattare i servizi per soddisfare quelle esigenze è essenziale per garantire che ogni cliente riceva l'attenzione e la cura che meritano.

DOMANDE FREQUENTI: COME GESTIRE CLIENTI CON GUSTI DIVERSI?

Gestire clienti con gusti diversi è una sfida comune ma stimolante nel mondo del personal shopping e della consulenza d'immagine. Ogni cliente ha preferenze uniche e un senso individuale dello stile, che richiede un approccio flessibile e personalizzato. Ecco alcune strategie per gestire efficacemente clienti con gusti diversi:

Ascolto Attivo: La chiave per gestire clienti con gusti diversi è ascoltarli attentamente. Dedica tempo a capire le loro preferenze, i loro stili di vita e ciò che cercano nel loro guardaroba. Questo non solo mostra rispetto per le loro esigenze, ma fornisce anche informazioni preziose per guidare le tue raccomandazioni.

Empatia e Apertura Mentale: Essere empatici e mantenere una mente aperta sono essenziali. Anche se i gusti del cliente differiscono dai tuoi o da ciò che normalmente consiglieresti, è importante rispettare le loro scelte e lavorare entro i loro parametri di comfort.

Educazione e Guida: Fornisci istruzione e orientamento dove necessario. Alcuni clienti potrebbero non essere a conoscenza di come certi stili o tagli possano valorizzarli. La tua esperienza può aiutarli a esplorare nuove opzioni che potrebbero amare ma non hanno mai considerato.

Personalizzazione del Servizio: Adatta i tuoi servizi ai gusti individuali di ciascun cliente. Ciò può includere la selezione di negozi, marchi, stili e tessuti che si allineano con le loro preferenze personali.

Flessibilità e Creatività: Usa la tua flessibilità e creatività per trovare soluzioni che soddisfino i gusti diversi. Questo può significare mescolare elementi di diversi stili o trovare un equilibrio tra ciò che il cliente vuole e ciò che funziona per la loro figura e il loro stile di vita.

Costruire Fiducia: Dimostra la tua affidabilità e competenza attraverso suggerimenti ponderati e scelte ben giustificate. Quando i clienti vedono che le tue raccomandazioni migliorano il loro aspetto e si adattano ai loro gusti, è più probabile che si fidino delle tue scelte.

Feedback Continuo: Chiedi un feedback regolare e sii disposto a fare aggiustamenti in base alle loro risposte. Questo processo di apprendimento reciproco aiuta a perfezionare il servizio che fornisci e migliora la soddisfazione del cliente.

Rispetto per le Scelte Individuali: Infine, è fondamentale rispettare le scelte individuali. Ogni cliente è unico e il loro stile dovrebbe riflettere la loro personalità, non una formula standard.

Gestire clienti con gusti diversi richiede pazienza, comprensione e una buona dose di creatività. Il tuo ruolo è quello di aiutare ogni cliente a sentirsi il meglio possibile nel proprio stile, indipendentemente da quanto possano variare le loro preferenze.

MITI DA SFATARE: TUTTI I CLIENTI VOGLIONO SEGUIRE LA MODA

Il mito che tutti i clienti vogliano seguire la moda è un'idea diffusa, ma non rispecchia accuratamente la realtà della consulenza di immagine e del personal shopping. La verità è che i gusti e le esigenze dei clienti sono incredibilmente vari, e non tutti sono interessati a seguire le ultime tendenze della moda. Ecco alcuni motivi per cui questo mito non regge:

Priorità Diverse: Molti clienti cercano di esprimere un senso individuale di stile piuttosto che seguire ciecamente le tendenze. Questi clienti danno priorità all'espressione personale, alla comodità e alla funzionalità degli abiti rispetto alla semplice adesione alle ultime mode.

Stile Personale Unico: Ogni cliente ha un senso unico dello stile che spesso trascende le attuali tendenze della moda. Ciò che funziona per una persona in termini di stile, colore e vestibilità potrebbe non essere adatto per un'altra. Molti clienti sono alla ricerca di un look che rifletta la loro personalità e il loro modo di vivere.

Considerazioni Pratiche: Per alcuni clienti, le considerazioni pratiche come il budget, il comfort e la versatilità sono più importanti delle ultime tendenze. Questi clienti preferiscono investire in capi senza tempo e di qualità che dureranno per stagioni a venire.

Rappresentazione del Proprio Sé: Molti clienti sono più interessati a trovare un modo per rappresentare se stessi e i loro valori attraverso l'abbigliamento, piuttosto che adattarsi a un'immagine dettata dalla moda corrente. Questo può includere l'adozione di uno stile che rifletta le loro convinzioni etiche, come la moda sostenibile o il veganismo.

Differenze Generazionali e Culturali: Le preferenze di stile possono variare notevolmente a seconda dell'età, della cultura e del background del cliente. Non tutti i gruppi demografici si identificano con le tendenze della moda predominanti, e molti possono avere una visione del tutto diversa di ciò che è alla moda o desiderabile.

In sintesi, sfatare il mito che tutti i clienti vogliano seguire la moda è importante per comprendere la diversità delle esigenze e delle aspettative nel personal shopping e nella consulenza di immagine. Riconoscere e rispettare le preferenze individuali dei clienti è fondamentale per fornire un servizio che sia veramente personalizzato e che rispecchi il loro unico senso dello stile.

COME CREARE LA PROPRIA CARRIERA

Creare una carriera di successo come personal shopper o consulente d'immagine è un percorso che richiede dedizione, passione per la moda e una profonda comprensione delle esigenze dei clienti. Iniziare nel settore non si limita alla conoscenza delle ultime tendenze, ma implica anche lo sviluppo di una serie di abilità e competenze chiave.

La formazione ed educazione sono i primi passi fondamentali. Questo può significare intraprendere studi formali in moda, design, o comunicazione, ma anche frequentare corsi specifici o ottenere certificazioni in personal shopping e consulenza di immagine. Questi programmi offrono una base solida di conoscenze tecniche e teoriche e possono fornire un'introduzione preziosa al settore.

Acquisire esperienza pratica è altrettanto importante. Lavorare in boutique, grandi magazzini o per marchi di moda può offrire un'esperienza diretta e una visione del funzionamento interno del settore. È anche un'ottima opportunità per costruire una rete di contatti professionali e iniziare a sviluppare un proprio stile di consulenza.

Un portfolio che mostra il tuo lavoro e i successi può servire come potente strumento di marketing. Includere esempi di trasformazioni di stile che hai realizzato, outfit che hai creato e qualsiasi altro lavoro che evidenzi la tua abilità e il tuo stile unico è essenziale per attirare nuovi clienti.

La costruzione di una solida rete di contatti e collaborazioni è cruciale. Partecipare a eventi di moda, fiere, e workshop può non solo fornire ulteriori conoscenze, ma anche opportunità per incontrare potenziali clienti o collaboratori. Collaborare con fotografi, stilisti e influencer può aumentare la tua visibilità e aprire nuove porte.

Essere sempre aggiornati sulle ultime tendenze e dinamiche del mercato della moda è fondamentale. Questa conoscenza ti permette di offrire consulenze attuali e pertinenti, aumentando la fiducia e la soddisfazione dei clienti.

Il marketing e la promozione personale sono essenziali per far crescere la tua carriera. Sviluppare una forte presenza online attraverso i social media, un sito web o un blog può aiutare a mostrare il tuo lavoro e a raggiungere un pubblico più ampio. Condividere consigli di stile, tendenze e trasformazioni di immagine può attirare l'attenzione su di te come esperto nel campo.

Fornire un eccellente servizio clienti è il cuore della tua attività. Ascoltare attentamente i tuoi clienti, rispondere alle loro esigenze e superare le loro aspettative non solo li renderà più soddisfatti, ma può anche portare a raccomandazioni e recensioni positive, essenziali per il tuo successo.

Infine, essere adattabili e impegnati nell'apprendimento continuo è vitale in un settore che è sempre in evoluzione. Frequentare corsi di aggiornamento, leggere riviste di settore e rimanere aperti a nuove idee e tendenze ti manterrà al passo e garantirà che i tuoi servizi rimangano rilevanti e ricercati.

In sintesi, sviluppare una carriera di successo nel personal shopping e nella consulenza di immagine richiede un mix di formazione, esperienza, rete di contatti, marketing, eccellente servizio clienti e un impegno costante verso l'apprendimento e l'adattabilità. Con queste fondamenta, puoi costruire una carriera gratificante che non solo soddisfa la tua passione per la moda, ma ti permette anche di avere un impatto significativo sullo stile e sulla fiducia dei tuoi clienti.

CONSIGLI PER AVVIARE E CRESCERE PROFESSIONALMENTE

Avviare e crescere professionalmente nel settore del personal shopping e della consulenza di immagine richiede più di una passione per la moda; è un processo che coinvolge la costruzione di una solida base di conoscenze, lo sviluppo di una rete di contatti e l'impegno costante nella crescita personale e professionale. Ecco alcuni consigli su come avviare e crescere in questo campo dinamico e gratificante.

Innanzitutto, la formazione è cruciale. Considera di intraprendere studi in campi rilevanti come la moda, il design, il marketing o la comunicazione. Corsi specializzati o certificazioni in personal shopping e consulenza di immagine possono fornire una base solida di conoscenze teoriche e pratiche e un'introduzione al settore.

Acquisire esperienza pratica è altrettanto importante. Potresti iniziare con stage o lavori entry-level in boutique, grandi magazzini o aziende di moda. Questa esperienza diretta non solo fornisce una comprensione pratica del settore, ma offre anche l'opportunità di costruire una rete di contatti professionali e di sviluppare competenze pratiche.

Un portfolio forte è un potente strumento di marketing. Include esempi di trasformazioni di stile che hai realizzato, outfit che hai creato e qualsiasi altro lavoro che dimostri la tua abilità e il tuo stile unico. Un portfolio ben curato può attirare nuovi clienti e mostrare la tua competenza.

Costruire una rete di contatti è essenziale. Partecipa a eventi di moda, fiere, e workshop per incontrare altri professionisti del settore e potenziali clienti. Collaborare con fotografi, stilisti e influencer può anche aumentare la tua visibilità e aprire nuove opportunità.

Rimanere aggiornati sulle ultime tendenze e dinamiche del mercato della moda è fondamentale. Questo ti permette di offrire consulenze aggiornate e pertinenti, accrescendo la fiducia e la soddisfazione dei tuoi clienti.

Sviluppare una forte presenza online attraverso i social media, un sito web personale o un blog può aiutare a mostrare il tuo lavoro a un pubblico più ampio. Condividere consigli di stile, tendenze e trasformazioni di immagine può attirare l'attenzione su di te come esperto del settore.

Un eccellente servizio clienti è al centro di tutto. Ascolta attentamente i tuoi clienti e supera le loro aspettative. Un servizio clienti di qualità può portare a raccomandazioni e recensioni positive, cruciali per il tuo successo nel settore.

Infine, l'apprendimento continuo è vitale in un settore in rapida evoluzione. Rimani flessibile e impegnato nello sviluppo delle tue competenze e conoscenze. Partecipa a corsi di aggiornamento, leggi riviste di settore e rimani aperto a nuove idee e tendenze.

In conclusione, avviare e crescere nel personal shopping e nella consulenza di immagine richiede dedizione, formazione, esperienza pratica, abilità di networking, un approccio al marketing creativo, un eccellente servizio clienti e un impegno costante all'apprendimento e all'adattabilità. Con questi elementi, puoi costruire una carriera gratificante che soddisfa la tua passione per la moda e ti permette di avere un impatto positivo sullo stile e sulla fiducia dei tuoi clienti.

DOMANDE FREQUENTI: QUALI SONO I PRIMI PASSI PER DIVENTARE UN PERSONAL SHOPPER?

Diventare un personal shopper è un percorso entusiasmante che richiede passione per la moda, ottime capacità interpersonali e un impegno costante nello sviluppo professionale. Se stai considerando di intraprendere questa carriera, ecco alcuni passi fondamentali da seguire.

Innanzitutto, è essenziale avere una solida comprensione della moda e delle sue tendenze. Questo può essere ottenuto attraverso studi formali, come corsi di moda, design o marketing, o partecipando a seminari e workshop specifici nel campo del personal shopping e della consulenza di immagine. Questi corsi offrono non solo una base teorica, ma spesso anche esperienze pratiche.

Un aspetto cruciale è acquisire esperienza pratica. Potresti iniziare lavorando in negozi di abbigliamento, boutique o grandi magazzini. Questo ti darà un'idea diretta del funzionamento del settore al dettaglio e ti permetterà di sviluppare competenze chiave come l'interazione con i clienti, la comprensione delle loro esigenze e la capacità di fare raccomandazioni di stile efficaci.

Costruire un portfolio solido è un altro passo importante. Man mano che acquisisci esperienza, raccogli esempi di look che hai creato, feedback dei clienti e qualsiasi altro materiale che mostri le tue competenze e il tuo stile unico. Un portfolio ben curato è fondamentale per mostrare il tuo lavoro ai potenziali clienti o datori di lavoro.

Sviluppare una rete di contatti professionale è fondamentale. Partecipare a eventi di moda, fiere e altre riunioni di settore può aiutarti a costruire relazioni con altri professionisti del campo. Queste connessioni possono essere preziose per trovare opportunità di lavoro, collaborazioni e per rimanere aggiornati sulle tendenze del settore.

Mantieniti informato sulle ultime tendenze di moda e sulle dinamiche del mercato. Questo ti permetterà di offrire consulenze attuali e pertinenti ai tuoi clienti. Essere un esperto di tendenze ti aiuterà anche a costruire la tua credibilità come personal shopper.

Un altro aspetto importante è sviluppare le tue capacità di marketing e di promozione. In un'era dominata dai media digitali, avere una presenza online forte attraverso i social media, un sito web o un blog è cruciale. Questi strumenti possono aiutarti a raggiungere un pubblico più ampio, mostrare il tuo lavoro e attrarre nuovi clienti.

Infine, offrire un servizio clienti eccezionale è vitale. Il tuo obiettivo dovrebbe essere non solo aiutare i clienti a trovare abiti e accessori che amano, ma anche fornire un'esperienza di shopping positiva e memorabile. La soddisfazione del cliente porterà a raccomandazioni e a una clientela fedele.

In conclusione, diventare un personal shopper richiede una combinazione di formazione, esperienza pratica, abilità di networking e marketing, nonché un impegno a fornire un servizio clienti di alta qualità. Con passione, dedizione e continuo sviluppo delle competenze, puoi costruire una carriera gratificante aiutando gli altri a sentirsi fiduciosi e stilosi.

MITI DA SFATARE: È DIFFICILE AVERE SUCCESSO COME CONSULENTE D'IMMAGINE

La carriera di consulente d'immagine è spesso circondata da molti miti e fraintendimenti, uno dei più comuni è la presunta difficoltà di raggiungere il successo in questo campo. Tuttavia, con la giusta combinazione di abilità, strategia e determinazione, diventare un consulente d'immagine di successo è un obiettivo realizzabile e gratificante. Esaminiamo più da vicino alcuni aspetti cruciali per sfatare questo mito.

Formazione e Competenze: Il successo inizia con una solida base di conoscenze. Un consulente d'immagine deve comprendere a fondo la moda, lo stile, la teoria del colore e la psicologia dell'abbigliamento. I corsi specializzati, i workshop e la formazione continua sono fondamentali per restare aggiornati sulle ultime tendenze e tecniche.

Capacità Relazionali: La capacità di costruire rapporti di fiducia con i clienti è essenziale. Ascoltare, comprendere e rispondere alle loro esigenze, desideri e insicurezze è fondamentale. Un consulente efficace non vende solo un servizio; offre un'esperienza personalizzata che valorizza il cliente.

Sviluppo del Brand Personale: Creare un proprio marchio personale aiuta a distinguersi nel mercato. Ciò include lo sviluppo di un portfolio, la presenza sui social media, il networking e la testimonianza di clienti soddisfatti. Un forte brand personale attira nuovi clienti e crea opportunità di business.

Adattabilità e Innovazione: Il mondo della moda è in costante evoluzione, e un consulente d'immagine deve essere in grado di adattarsi rapidamente ai cambiamenti. L'innovazione nei servizi offerti e la capacità di anticipare o adattarsi alle nuove tendenze sono elementi chiave per mantenere la propria offerta rilevante e attraente.

Marketing e Promozione: Saper commercializzare i propri servizi è cruciale. Ciò include la capacità di identificare e raggiungere il proprio mercato target, utilizzare efficacemente i social media e le piattaforme online per promuovere la propria attività e costruire partnership strategiche.

Feedback e Miglioramento Continuo: Il successo è un processo continuo. Raccogliere feedback dai clienti e migliorare costantemente i servizi offerti è essenziale per crescere professionalmente e mantenere un alto livello di soddisfazione del cliente.

Resilienza e Determinazione: Come in ogni carriera, ci saranno sfide e ostacoli da superare. La resilienza e la determinazione sono qualità indispensabili per superare i momenti difficili e perseguire i propri obiettivi.

In conclusione, diventare un consulente d'immagine di successo richiede più che una semplice passione per la moda. È il risultato di una serie di abilità, strategie e qualità personali. Con l'approccio giusto, il successo in questo campo non solo è possibile, ma può anche essere un'esperienza estremamente gratificante e arricchente.

DIZIONARIO DELLA MODA P.1 E P.2

Dizionario della Moda p.1 e p.2

Questa sezione del libro, "Dizionario della Moda p.1" e "Dizionario della Moda p.2", è dedicata a fornire un glossario dettagliato e approfondito dei termini chiave nel mondo della moda e del personal shopping. La suddivisione in due parti permette di organizzare e presentare i termini in modo più chiaro e accessibile.

Dizionario della Moda p.1

La prima parte del glossario si concentra sui termini fondamentali del mondo della moda e del personal shopping. Questa sezione è ideale per i lettori che si stanno avvicinando per la prima volta a questo settore o per coloro che desiderano una comprensione di base dei termini più comuni. Copre:

Terminologia di Base: Introduce i termini più comuni relativi ai tipi di indumenti, tagli, stili e tendenze. Questo include definizioni di base come "A-line", "empire waist", "peplum", ecc.

Tipi di Tessuti e Materiali: Fornisce una panoramica dei diversi tessuti utilizzati nella moda, spiegando le loro caratteristiche, usi e come influenzano lo stile e il comfort degli indumenti.

Elementi di Design: Include termini relativi a vari elementi di design, come "drappeggio", "pizzo", "ricamo", fornendo una comprensione di come questi dettagli possano trasformare un capo.

Accessori e Complementi: Verranno esplorati i termini specifici relativi agli accessori, essenziali per completare qualsiasi outfit e per la consulenza di personal shopping.

Dizionario della Moda p.2

La seconda parte del glossario si addentra in termini più avanzati e specifici, utili per chi ha già una conoscenza di base del settore e desidera approfondire ulteriormente:

Terminologia Avanzata e Tecnica: Si concentra su termini più tecnici e specifici del settore, utili per comprendere le complessità del design e della produzione di moda.

Stili e Movimenti Storici: Introduce termini relativi a stili e movimenti storici importanti nella moda, aiutando a comprendere come questi influenzino le tendenze attuali.

Tendenze Emergenti e Terminologia Contemporanea: Copre le ultime tendenze e il linguaggio emergente nel mondo della moda, essenziale per rimanere aggiornati e rilevanti nel settore.

Terminologia del Personal Shopping: Vengono esplorati termini specifici del servizio di personal shopping, inclusi aspetti come la valutazione del cliente, la costruzione del guardaroba e la consulenza di stile.

GLOSSARIO DEI TERMINI MODA E PERSONAL SHOPPING

Prima Parte

Terminologia di Base

A-Line: Una silhouette di abito o gonna che è più stretta in alto e si allarga gradualmente verso l'orlo, creando una forma simile alla lettera "A". Questo stile è versatile e lusinghiero per diverse figure.

Empire Waist: Un design in cui la linea della vita è sollevata sopra la vita naturale, spesso proprio sotto il busto. Questo stile enfatizza la parte superiore del corpo ed è particolarmente adatto per abiti e top.

Peplum: Un orlo aggiuntivo o strato di tessuto attaccato alla vita di un capo, creando un effetto sovrapposto che può aiutare a definire la vita.

Tipi di Tessuti e Materiali

Cashmere: Un tessuto pregiato ottenuto dal pelo di capre Cashmere. È rinomato per la sua morbidezza, leggerezza e calore.

Chiffon: Tessuto leggero e trasparente, realizzato in seta o fibre sintetiche. È amato per la sua eleganza e fluidità, spesso usato in abiti da sera e sciarpe.

Denim: Un tessuto resistente di cotone con una tessitura twill, comunemente utilizzato per jeans e giacche casual.

Elementi di Design

Drappeggio: Una tecnica di design in cui il tessuto è disposto in pieghe morbide o cascata, spesso utilizzato per aggiungere un tocco elegante ai vestiti.

Pizzo: Tessuto decorativo fatto di filo intrecciato in disegni complessi. È spesso usato come dettaglio decorativo su abiti e lingerie.

Ricamo: L'arte di decorare il tessuto con ago e filo, creando disegni e motivi. Il ricamo può variare da semplici accenti a disegni intricati su abiti e accessori.

Accessori e Complementi

Fedora: Un cappello classico con tesa media e corona incavata. Originariamente un accessorio maschile, ora è popolare in stili sia maschili che femminili.

Clutch: Una piccola borsa senza manici, spesso utilizzata in occasioni formali o serate fuori.

Statement Jewelry: Gioielli che attirano l'attenzione, caratterizzati da dimensioni grandi, colori vivaci o disegni audaci. Sono utilizzati per aggiungere un punto focale a un outfit.

Questo glossario serve come una base per comprendere i termini e le espressioni più comuni nel mondo della moda e del personal shopping, fornendo agli aspiranti consulenti d'immagine e appassionati di moda un punto di partenza solido per la loro educazione e pratica in questo settore.

Seconda parte

Terminologia Avanzata e Tecnica

Haute Couture: L'alta moda francese che rappresenta la creazione di pezzi esclusivi, su misura, con elevati standard di qualità e artigianato.

Silhouette Structured: Si riferisce a capi di abbigliamento con una forma definita e ben strutturata, spesso realizzati con tessuti più rigidi per mantenere la forma.

Patternmaking: L'arte di creare modelli per l'abbigliamento. Questo processo è fondamentale nella progettazione e produzione di vestiti e richiede precisione e competenza tecnica.

Stili e Movimenti Storici

Art Deco: Uno stile che si è sviluppato negli anni '20 e '30, noto per i suoi motivi geometrici e design simmetrici. Ha influenzato la moda in termini di gioielli, abiti e accessori.

Belle Époque: Un periodo storico caratterizzato da uno stile di vita lussuoso e moda elaborata, con abiti che enfatizzavano la femminilità e la raffinatezza.

Dandyism: Uno stile di moda associato a uomini che si vestono in modo elegante e raffinato, con grande attenzione ai dettagli e alla qualità dei tessuti.

Tendenze Emergenti e Terminologia Contemporanea

Athleisure: Un trend che combina abbigliamento sportivo con moda casual, risultando in un look sia funzionale sia stilisticamente consapevole.

Upcycling: La pratica di trasformare materiali usati o scarti in nuovi prodotti di maggiore qualità o valore estetico, spesso con un focus sulla sostenibilità.

Minimalismo: Uno stile che si concentra sulla semplicità e la funzionalità, caratterizzato da linee pulite, palette di colori neutri e un design senza fronzoli.

Terminologia del Personal Shopping

Wardrobe Audit: Il processo di revisione e valutazione del guardaroba di un cliente, identificando quali capi mantenere, modificare, o rimuovere.

Body Type Analysis: L'analisi delle proporzioni e della forma del corpo del cliente per selezionare i capi di abbigliamento più lusinghieri e appropriati.

Personal Branding: Il processo di creare e comunicare un'immagine o un'identità unica per il cliente attraverso l'abbigliamento e lo stile personale.

DOMANDE FREQUENTI: QUALI SONO I TERMINI PIÙ IMPORTANTI DA CONOSCERE NELLA MODA?

Nel mondo della moda, alcuni termini sono fondamentali per chiunque voglia approfondire la propria conoscenza o lavorare nel settore. Ecco una selezione dei termini più importanti:

1. **Silhouette**: Questo termine descrive la forma di base di un capo di abbigliamento sul corpo. Comprendere diverse silhouette, come A-line, empire, o shift, è essenziale per scegliere gli abiti che meglio si adattano a diverse figure.

2. **Haute Couture**: Si riferisce a pezzi di moda esclusivi e personalizzati, realizzati a mano da atelier specializzati. È un termine importante per capire l'alta moda e il suo impatto sulle tendenze.

3. **Prêt-à-Porter**: Conosciuto anche come "ready-to-wear", questo termine si riferisce a collezioni di moda prodotte in serie, a differenza dell'alta couture su misura.

4. **Drappeggio**: Una tecnica di design in cui il tessuto è disposto in modo artistico e fluido attorno al corpo, creando linee e forme eleganti.

5. **Minimalismo**: Uno stile di design che si concentra sulla semplicità e l'utilizzo di pochi elementi essenziali, caratterizzato da linee pulite e palette di colori neutri.

6. **Upcycling**: La pratica di riciclare materiali usati o scarti in nuovi prodotti di moda, spesso con un focus sulla sostenibilità e l'innovazione.

7. **Vintage**: Si riferisce a capi di moda vecchi di almeno 20 anni, spesso ricercati per il loro stile unico e la qualità della

lavorazione.

8. **Fast Fashion**: Un termine usato per descrivere le pratiche di produzione rapide e a basso costo che permettono ai rivenditori di moda di portare rapidamente nuovi stili sul mercato.

Questi termini rappresentano solo alcuni degli aspetti fondamentali del linguaggio della moda. Comprenderli può arricchire notevolmente la tua conoscenza del settore e migliorare la tua capacità di navigare nel mondo della moda con maggiore sicurezza e competenza.

MITI DA SFATARE: LA MODA È PIENA DI TERMINI INCOMPRENSIBILI

Il mondo della moda è spesso percepito come un labirinto di termini tecnici e jargon specialistico, che può apparire intimidatorio a chi non è del settore. Tuttavia, la realtà è molto più accessibile e comprensibile di quanto questo mito lasci intendere. La moda non è un campo esclusivo per gli esperti o i professionisti del settore; è un universo che tutti possono imparare a navigare.

Accessibilità del Linguaggio della Moda: Molti termini utilizzati nella moda sono entrati nel linguaggio comune. Parole come "vintage", "trendy", o "casual" sono usate regolarmente, dimostrando che il linguaggio della moda non è così inaccessibile come si potrebbe pensare.

Risorse Educative: Con l'abbondanza di risorse disponibili, da riviste specializzate a blog, corsi online e video tutorial, imparare i termini specifici della moda è diventato più semplice che mai.

Terminologia Intuitiva: Molti termini di moda descrivono ciò che rappresentano in modo intuitivo. Per esempio, "A-line" per una gonna o un abito indica una silhouette che assomiglia alla lettera "A", facilitando la comprensione di molti concetti.

Evoluzione della Moda: Il linguaggio della moda è in continuo cambiamento, con nuovi termini che emergono per descrivere stili, tendenze e tecnologie. Questo dinamismo rende il settore sempre interessante e l'apprendimento dei nuovi termini parte del divertimento nel rimanere aggiornati.

Cultura Pop e Moda: La rappresentazione della moda e dei suoi termini nella cultura pop, nei film, nelle serie TV e nelle canzoni, aiuta a rendere il linguaggio della moda parte del discorso culturale comune.

La Moda è per Tutti: È fondamentale ricordare che la moda è un'espressione di sé e un'arte accessibile a tutti. Non è necessario conoscere ogni termine tecnico per apprezzare o partecipare al mondo della moda.

In conclusione, nonostante il settore della moda possieda il suo specifico gergo, questo non dovrebbe rappresentare un ostacolo per chi è interessato a esplorarlo. Grazie alla curiosità e alle risorse disponibili, i termini della moda possono essere facilmente appresi e compresi, rendendo questo mondo affascinante e creativo aperto a tutti.

CONCLUSIONE

Mentre ci avviciniamo alla conclusione di questo viaggio attraverso il vasto e colorato mondo della moda e del personal shopping, è il momento di riflettere su ciò che abbiamo esplorato e appreso. Abbiamo navigato attraverso le complessità e le sfumature della moda, dal ruolo cruciale dei personal shopper e consulenti d'immagine, fino alla ricca tapezzeria di stili, tessuti, e tendenze che caratterizzano questo dinamico settore.

Abbiamo scoperto come l'immagine personale e lo stile possano avere un impatto profondo non solo sull'autostima di una persona, ma anche sulla percezione che gli altri hanno di lei. Abbiamo esaminato come i consulenti d'immagine lavorano meticolosamente per valorizzare ogni individuo, dimostrando che l'arte del personal shopping va ben oltre la semplice selezione di abiti: è un processo di trasformazione e espressione personale.

Nelle pagine dedicate ai tessuti, ai colori, e ai vari stili di abbigliamento, abbiamo offerto strumenti e conoscenze per aiutare ogni lettore a esprimere la propria individualità attraverso la moda. Abbiamo affrontato miti e malintesi, aprendo la porta a una comprensione più profonda e inclusiva di ciò che la moda può rappresentare per ognuno di noi.

Questo libro è stato più di una semplice guida: è stato un invito a intraprendere un viaggio personale nel mondo della moda. Ogni capitolo è stato un passo verso la comprensione che la moda non è solo ciò che indossiamo, ma è un riflesso di chi siamo, delle nostre storie e delle nostre aspirazioni.

Mentre chiudiamo quest'ultimo capitolo, il viaggio non finisce qui. La moda è un mondo in continua evoluzione, ricco di nuove tendenze, sfide e opportunità. Invitiamo i nostri lettori a continuare ad esplorare, a sperimentare e, soprattutto, a godere della gioia e dell'espressione che la moda può portare nella loro vita.

Siate audaci, siate curiosi, e soprattutto, siate voi stessi. Questo è
il vero spirito della moda.

NOTE SULL'AUTORE

Gianni Valente è lo pseudonimo di un personaggio di spicco nel mondo della moda e del personal shopping, riconosciuto per la sua profonda conoscenza e la sua innata capacità di trasformare l'abbigliamento in un'espressione di identità personale e stile. Nato e cresciuto in Italia, un paese rinomato per il suo senso estetico e la sua eredità nel design, Gianni ha sviluppato fin dalla giovane età una passione per la moda e per l'arte del vestire.

Dopo aver conseguito una laurea in Design della Moda presso uno dei più prestigiosi istituti italiani, Gianni ha iniziato la sua carriera lavorando con vari brand di moda di alta gamma. La sua esperienza l'ha portato a viaggiare in tutto il mondo, collaborando con designer di fama internazionale e acquisendo una visione globale delle diverse culture della moda. Queste esperienze hanno arricchito il suo approccio alla moda, permettendogli di combinare tecniche tradizionali con tendenze contemporanee.

Gianni si è poi specializzato come consulente d'immagine e personal shopper, aiutando i clienti a scoprire e valorizzare il proprio stile personale. La sua filosofia si basa sulla convinzione che la moda sia molto più di semplici tendenze; è un mezzo per esprimere la propria individualità e aumentare la fiducia in se stessi.

Oltre al suo lavoro con clienti privati, Gianni ha tenuto corsi e seminari su stile e immagine personale, diventando un influente educatore nel campo. La sua abilità nel comunicare concetti complessi in modo chiaro e coinvolgente lo ha reso un oratore molto richiesto in eventi e workshop di moda.

La decisione di scrivere un libro è nata dal desiderio di Gianni di condividere la sua ricchezza di conoscenze con un pubblico più ampio. Nel suo libro, "Oltre la Moda: La Via per Diventare

Personal Shopper e Consulente d'Immagine", Gianni offre non solo la sua vasta esperienza, ma anche la sua visione e la sua passione per la moda, rendendolo una lettura indispensabile per chiunque aspiri a comprendere e padroneggiare l'arte del personal shopping e della consulenza d'immagine.

Gianni Valente continua a essere una figura di spicco nel settore, ispirando costantemente coloro che cercano di trovare la propria voce nel vibrante mondo della moda.

Scopri un Mondo di Conoscenza e Ispirazione

Visita www.libriutili.it

Gentile lettore,

Speriamo che tu abbia trovato ispirazione e utilità all'interno delle pagine di questo libro. Se la tua sete di conoscenza e crescita personale non è ancora soddisfatta, abbiamo una sorpresa speciale per te!

Ti invitiamo a esplorare il mondo di LuminaLibria su www.libriutili.it, dove ti aspetta un universo di libri. LuminaLibria è un'oasi per ogni tipo di lettore, offrendo una vasta gamma di generi che arricchiranno la tua esperienza di lettura.

Per Giovani Esploratori: Sfoglia la nostra collezione di Libri per Bambini e Storie per Bambini, perfetta per accendere l'immaginazione e la curiosità dei più giovani.

Per Arte e Relax: Lasciati catturare dai nostri Libri da Colorare per Adulti e Bambini, un modo creativo per rilassarsi ed esprimersi.

Per la Crescita Personale: Esplora i nostri Libri di Auto-Aiuto, Crescita Personale e Biografie per ispirarti e motivarti nel tuo viaggio di vita.

Per gli Spiriti Curiosi: Approfondisci il tuo percorso spirituale con i nostri Libri su Temi Spirituali.

Questo è solo una piccola parte di ciò che LuminaLibria ha da offrire. Crediamo che ogni libro sia una finestra su nuovi mondi, idee e possibilità. Che tu stia cercando avventura, conoscenza o ispirazione, troverai un libro che parla al tuo cuore su www.libriutili.it. E ricorda, i nostri libri sono disponibili in inglese, italiano e spagnolo.

Scansiona il Codice QR qui sotto per iniziare il tuo viaggio nel mondo di LuminaLibria.

Grazie per averci accompagnato in questo viaggio di scoperta e crescita. Siamo entusiasti di vederti esplorare ancora di più con LuminaLibria.

Buona lettura e continua esplorazione!

Il Team di LuminaLibria